SURGA

II

"Dan kedua belas pintu gerbang itu adalah dua belas mutiara;
setiap pintu gerbang terdiri dari satu mutiara. Dan jalan-jalan
kota itu dari emas murni bagaikan kaca bening."

(Wahyu 21:21)

SURGA
II

Dipenuhi Dengan Kemuliaan Allah

DR. JAEROCK LEE

SURGA II : DIPENUHI DENGAN KEMULIAAN ALLAH
oleh Dr. Jaerock Lee
Diterbitkan oleh Urim Books
235-3, Guro-dong3, Guro-gu, Seoul, Korea
www.urimbooks.com

Kecuali kalau disebut lain, semua Ayat bacaan diambil dari Holy Bible, NEW AMERICAN STANDARD BIBLE, *, Copyright © 1960, 1962, 1963, 1968, 1971, 1972, 1973, 1975, 1977, 1995 by The Lockman Foundation. Digunakan atas ijin.

Hak Cipta © 2012 oleh Dr. Jaerock Lee
ISBN: 978-89-7557-522-8, ISBN: 978-89-7557-521-1(set)
Hak Cipta Terjemahan © 2008 oleh Dr. Esther K. Chung. Digunakan dengan izin.

Sebelumnya diterbitkan dalam Bahasa Korea oleh Urim Books pada tahun 2002

Edisi Kedua Februari 2012

Diedit oleh Dr. Geumsun Vin
Dirancang oleh Biro Editorial Urim Books
Dicetak oleh Yewon Printing Company
Untuk informasi lebih lanjut hubungi urimbook@hotmail.com

Kata Pengantar

Berdoa supaya Anda dapat menjadi anak sejati Allah dan berbagi kasih sejati dalam kegembiraan dan kebahagiaan kekal di Yerusalem Baru, di mana kasih Allah berlimpah...

Saya mengucapkan syukur dan kemuliaan kepada Allah Bapa, yang telah membukakan dengan jelas untuk saya kehidupan di dalam surga, dan memberkati kita untuk menerbitkan buku *Surga I: Sebening dan Seindah kristal,* dan sekarang buku *Surga II: Dipenuhi dengan Kemuliaan Allah.*

Saya telah menantikan untuk mengetahui mengenai surga dengan detil, berpuasa dan berdoa. Setelah tujuh tahun, Allah akhirnya menjawab doa saya dan sekarang, ia membukakan rahasia terdalam mengenai alam rohani.

Pada bagian pertama dari dua bagian serial Surga, saya secara singkat memperkenalkan berbagai tempat tinggal di surga, mengelompokkannya menjadi Firdaus, Kerajaan Pertama, Kerjaan Kedua, Kerajaan Ketiga, dan Yerusalem Baru. Pada bagian kedua akan menjabarkan dengan sangat detil tempat paling indah dan mulia di surga, yaitu Yerusalem Baru.

Allah kasih memperlihatkan Yerusalem Baru kepada rasul Yohanes dan membolehkannya untuk menulis hal ini dalam Alkitab. Saat ini, di mana Kedatangan Yesus sudah sangat dekat, Allah sedang melimpahkan Roh Kudus pada begitu banyak orang dan membukakan surga dengan sangat detil. Hal ini supaya orang-orang yang tidak percaya di seluruh dunia akan menjadi percaya bahwa pada kehidupan berikutnya terdapat surga dan neraka, dan bahwa mereka yang mengaku percaya dalam Kristus akan menjalani kehidupan gemilang dalam Allah dan berusaha keras untuk menyebarkan injil ke seluruh dunia.

Inilah kenapa rasul Paulus, yang sedang bertugas untuk menyebarkan injil kepada bangsa-bangsa lain, menegur anak rohaninya yaitu Timotius, dengan berkata, *"Tetapi kuasailah dirimu dalam segala hal, sabarlah menderita, lakukanlah pekerjaan pemberita Injil dan tunaikanlah tugas pelayananmu"* (2 Timotius 4:5).

Allah membukakan dengan jelas kepada saya mengenai surga dan neraka sehingga saya dapat menceritakan hal-hal mengenai masa depan ke seluruh penjuru dunia. Allah menghendaki semua orang untuk menerima keselamatan; Ia tidak ingin melihat satu orang pun masuk ke neraka. Selain itu, Allah menghendaki sebanyak mungkin orang untuk masuk dan hidup kekal di

Yerusalem Baru.

Oleh karena itu, tidak seorangpun yang seharusnya menilai atau mengutuk pesan-pesan penyingkapan yang Allah berikan ini melalui ilham dari Roh Kudus.

Dalam buku *Surga II* Anda akan menemukan rahasia besar mengenai surga, seperti rupa Allah yang telah ada dari sebelum permulaan waktu, tahta Allah, dan lainnya. Saya percaya bahwa hal-hal dan detil-detil seperti itu akan memberikan kebahagiaan dan kegembiraan yang sangat besar kepada semua orang yang sungguh-sungguh menginginkan surga.

Kota Yerusalem Baru, dibangun oleh kasih yang tidak terhitung dan kuasa luar biasa dari Allah, dipenuhi dengan kemuliaan-Nya. Di Yerusalem Baru terdapat puncak rohani di mana Allah membentuk diri-Nya menjadi Tritunggal untuk melakukan pemeliharaan manusia, dan ada tahta singgasana Allah. Dapatkah Anda bayangkan akan menjadi betapa hebat, indah, dan terangnya seluruh tempat itu jadinya? Ini adalah tempat yang sangat luar biasa dan suci yang tidak ada hikmat seorang manusia pun dapat mengukurnya!

Oleh karena itu, Anda harus menyadari bahwa Yerusalem Baru tidak diberikan kepada semua orang yang menerima keselamatan. Yerusalem Baru hanya diberikan kepada anak-anak Allah yang hatinya, setelah ditanam di dunia ini dalam waktu yang lama, menjadi murni dan bening seperti kristal.

Saya mengucapkan terima kasih khusus kepada Geumsun Vin, Direktur Biro Editorial dan stafnya, dan Biro Terjemahan untuk penerbitan ini.

Saya memberkati dalam nama Tuhan bahwa siapapun yang membaca buku ini dapat menjadi anak sejati Allah dan berbagi kasih sejati dalam kebahagiaan dan kegembiraan kekal di dalam Yerusalem Baru yang dipenuhi dengan kemuliaan Allah!

Jaerock Lee

 Pendahuluan

Saya berharap bahwa Anda diberkati seperti yang Anda temukan dalam detil mengenai Yerusalem baru, dan tinggal dalam keabadian sedekat mungkin dengan Allah di surga...

Saya mengucapkan syukur dan kemuliaan kepada Allah, yang memberkati kita untuk menerbitkan *Surga I: Sebening dan Seindah kristal,* dan sekarang lanjutannya, buku *Surga II: Dipenuhi dengan Kemuliaan Allah.*

Buku ini terdiri dari sembilan bab, yang semuanya memberikan gambaran yang jelas mengenai temtat tinggal paling kudus dan paling indah di surga, Yerusalem Baru, karena ukurannya, kemegahannya dan kehidupan yang ada di sana.

Bab 1, "Yerusalem Baru: Dipenuhi dengan Kemuliaan Allah", memberikan ikhtisar Yerusalem Baru dan menjelaskan beberapa rahasia seperti singgasana Allah dan puncak alam rohani, di mana Allah membentuk diri-Nya Sendiri ke dalam Tritunggal.

Bab 2, "Nama dari Dua Belas Suku Bangsa dan Dua Belas Rasul", menjelaskan penampakan luar dari kota Yerusalem Baru. Kota tersebut dikelilingi oleh dinding yang sangat tinggi dan besar, dan nama dari Dua Belas Suku Israel dituliskan pada dua belas gerbang kota pada keempat sisinya. Pada dua belas pondasi kota diberi nama dari Dua Belas Rasul, alasan dan pentingnya penulisan tersebut akan dijelaskan kemudian.

Dalam Bab 3, "Ukuran Yerusalem Baru", Anda akan menemukan penampakan dan dimensi dari Yerusalem Baru. Bab ini menjelaskan kenapa Allah mengukur Yerusalem Baru dengan tongkat pengukur emas dan kenapa untuk masuk serta tinggal di Kota ini, seseorang harus memiliki semua persyaratan yang diperlukan, yang diukur dengan tongkat pengukur emas. Bab ini juga membahas kenapa lebar, panjang dan tinggi Kota Yerusalem Baru adalah 6000 Ri, diukur dengan ukuran tradisional Korea.

Bab 4, "Dibuat dari Emas Murni dan Permata dari Semua Warna", menjelaskan dengan detil setiap material yang digunakan untuk membangun Kota Yerusalem Baru. Seluruh kota dihiasi emas murni dan batu permata, dan Bab tersebut menggambarkan keindahan warna, kemilau dan kilapnya. Selain menjelaskan alasan Allah menghiasi dinding Kota dengan yaspis dan seluruh Yerusalem Baru dengan emas murni yang sebening kaca, Bab tersebut juga membahas pentingnya iman rohani.

Dalam bab 5, "Pentingnya Dua Belas Pondasi", Anda akan mempelajari mengenai dinding Yerusalem Baru, yang dibangun di atas dua belas pondasi, dan keindahan dan arti rohani dari batu yaspis, safir, batu mirah, batu zamrud, batu unam, batu sardis, batu ratna cempaka, batu beril, topaz, batu krisopras, batu lazuardi dan batu kecubung. Apabila Anda menjumlahkan arti rohani masing-masing dari dua belas permata, Anda akan mendapati hati Yesus Kristus dan hati Allah. Bab tersebut mendorong Anda untuk menyempurnakan hati yang disimbolkan dengan dua belas permata sehingga Anda dapat masuk dan tinggal secara kekal di dalam Kota Yerusalem Baru.

Bab 6, "Dua belas Gerbang Mutiara dan Jalan Emas", menjelaskan alasan dan arti rohani kenapa Allah membuat dua belas gerbang mutiara, begitu juga dengan arti rohani dari jalan emas yang sebening kaca. Sebagaimana halnya kerang menghasilkan mutiara berharga setelah kerang tersebut mengami penderitaan hebat, Bab tersebut mendorongAnda untuk berlari menuju Dua Belas Gerbang Mutiara Yerusalem Baru dengan mengatasi segala macam kesulitan dan ujian dalam iman dan harapan.

Bab 7, "Pemandangan yang Indah" membawa memasuki dinding kota Yerusalem Baru yang selalu bersinar dengan cahaya. Anda akan mempelajari arti rohani dari kalimat, "Allah dan Anak Domba adalah baitnya", ukuran dan keindahan bait tersebut yang di sana Allah berdiam, dan kemuliaan orang-orang yang akan masuk ke Yerusalem Baru untuk menjalani kekekalan bersama Tuhan.

Bab 8, "Saya Melihat Kota Suci, Yerusalem Baru", mengenalkan kepada Anda rumah-rumah perorangan, untuk orang-orang yang menjalani kehidupan yang beriman dan suci di dunia, yang akan menerima upah besar di surga. Anda akan mampu untuk melihat sekilas hari bahagia yang akan terjadi di Yerusalem Baru dengan membaca tentang berbagai ukuran dan kemegahan rumah-rumah surgawi, berbagai macam fasilitas dan kehidupan keseluruhan di surga.

Bab sembilan dan terakhir, "Perjamuan Pertama di Yerusalem Baru", membawa Anda ke suasana perjamuan pertama yang digelar di Yerusalem Baru setelah Penghakiman dari Tahta Putih Besar. Dengan pendahuluan mengenai beberapa bapa iman yang berdiam dekat dengan tahta Allah, *Surga II* menutup dengan memberkati setiap pembaca supaya memiliki hati yang murni dan bening seperti kristal sehingga mereka dapat tinggal lebih dekat dengan tahta Allah di Yerusalem Baru.

Semakin Anda mempelajari tentang surga, maka semakin menakjubkan jadinya. Yerusalem Baru, yang dianggap sebagai "inti" surga, yang di sana Anda akan menemukan tahta Allah. Apabila Anda mengetahui keindahan dan kemuliaan Yerusalem Baru, Anda pasti akan sungguh-sungguh berharap akan surga dan menjadi berpikiran jernih mengenai kehidupan Anda dalam Kristus.

Karena saat kedatangan kembali Yesus, sebelumnya Ia tentu saja telah menyelesaikan persiapan tempat tinggal surga untuk kita, sudah sangat dekat, dengan *Surga II: Dipenuhi dengan Kemuliaan Allah* saya berharap Anda akan mempersiapkan kehidupan kekal sebaik mungkin.

Saya berdoa dalam nama Tuhan Yesus Kristus bahwa Anda akan mampu untuk tinggal dekat dengan tahta Allah dengan menyucikan diri Anda sendiri dan terus-menerus berharap untuk hidup di Yerusalem Baru dan setia dalam menjalankan semua kewajiban yang diberikan Allah kepada Anda.

Geumsun Vin,
Direktur Biro Editorial

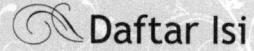

Daftar Isi

Kata Pengantar

Pendahuluan

༄Bab 1 ༄

Yerusalem Baru:
Dipenuhi dengan Kemuliaan Allah

Lalu, di dalam roh ia membawa
aku ke atas sebuah gunung yang besar lagi tinggi, d
an ia menunjukkan kepadaku kota yang kudus itu,
Yerusalem, turun dari sorga, dari Allah,
Kota itu penuh dengan kemuliaan Allah.
dan cahayanya sama seperti permata yang paling indah,
bagaikan permata yaspis, jernih seperti kristal.
- Wahyu 21:10-11

Surga adalah sebuah alam dalam dunia empat dimensi, diatur oleh Allah yang kasih dan adil. Meskipun tidak terlihat dengan mata telanjang, surga benar-benar ada. Berapa besar kebahagiaan, kegembiraan, dan kemulian yang akan dilimpahkan di surga karena ini adalah hadiah terbaik Allah yang telah dipersiapkan untuk anak-anak-Nya yang telah menerima keselamatan?

Tapi, ada perbedaan tempat tinggal di dalam surga. Ada Yerusalem Baru yang di sana terdapat tahta Allah, dan juga ada Firdaus di mana orang-orang yang sekedar diselamatkan tinggal kekal di dalamnya. Seperti halnya tinggal di pondok dan tinggal di kastil raja sangat berbeda bahkan di dunia ini, ada perbedaan besar dalam kemuliaan antara masuk ke Firdaus dan masuk ke

Yerusalem Baru.

Meskipun demikian, beberapa orang percaya menganggap bahwa "surga" dan "Yerusalem Baru" adalah sama, dan sebagian dari mereka bahkan tidak mengetahui bahwa ada Yerusalem Baru. Begitu menyedihkannya hal ini! Tidaklah mudah untuk memiliki surga meskipun apabila Anda mengetahui tentang surga. Jadi, bagaimana bisa seseorang masuk ke Yerusalem Baru tanpa mengetahuinya?

Oleh karena itu, Allah membukakan Yerusalem Baru kepada rasul Yohanes dan memerintahkannya untuk menuliskan mengenai Yerusalem Baru dengan detil di dalam Alkitab. Wahyu 21 menjelaskan mengenai Yerusalem Baru dengan mendalam, dan Yohanes baru melihat sekilas bagian luarnya saja.

Ia mengatakan dalam Wahyu 21:10-11, *"Lalu di dalam roh ia membawa aku ke atas sebuah gunung yang besar lagi tinggi dan ia menunjukkan kepadaku kota yang kudus itu, Yerusalem, turun dari surga, dari Allah, kota itu penuh dengan kemuliaan Allah. Cahayanya sama seperti permata yang paling indah, bagaikan yaspis, jernih sepeti kristal"*.

Jadi, kenapa Yerusalem Baru dipenuhi dengan kemuliaan Allah?

Di Yerusalem Baru terdapat Tahta Allah

Di dalam Yerusalem Baru terdapat tahta Allah. Seberapa banyak kemuliaan Allah akan memenuhi Yerusalem Baru karena Allah Sendiri tinggal di dalamnya?

Itulah sebabnya Anda dapat melihat bahwa orang-orang memberikan kemuliaan, puji syukur, dan penghargaan kepada Allah siang dan malam di dalam Wahyu 4:8: *"Dan keempat makhluk itu masing-masing bersayap enam, sekelilingnya dan di sebelah dalamnya penuh dengan mata, dan dengan tidak berhenti-hentinya mereka berseru siang dan malam: 'Kudus, kudus, kuduslah Tuhan Allah, Yang Mahakuasa, yang sudah ada dan yang ada dan yang akan datang'".*

Yerusalem Baru juga disebut "Kota Kudus" karena dibuat dari awalnya dengan Firman Allah, yang merupakan kebenaran, tanpa noda, dan merupakan terang itu sendiri tanpa ada kegelapan apapun di dalam-Nya.

Yerusalem adalah tempat di mana Yesus, yang menjadi daging untuk membuka jalan keselamatan untuk semua umat manusia, menyebarkan injil dan memenuhi Hukum Taurat dengan kasih. Oleh karena itu, Allah membangun Yerusalem Baru untuk semua orang percaya yang memenuhi Hukum Taurat dengan kasih untuk tinggal di dalamnya.

Tahta Allah berada di tengah-tengah Yerusalem Baru

Kemudian, di bagian Yerusalem Baru mana tahta Allah berada? Jawabannya diungkapkan kepada kita dalam Wahyu 22:3-4:

> *Maka tidak akan ada lagi laknat. Takhta Allah dan takhta Anak Domba akan ada di dalamnya dan hamba-hamba-Nya akan beribadah kepada-Nya, dan mereka akan melihat wajah-Nya, dan nama-Nya akan tertulis di dahi mereka.*

Tahta Allah berada di tengah-tengah Yerusalem Baru, dan hanya mereka yang menaati Firman Allah seperti pelayan yang patuh dapat masuk ke sana dan melihat wajah Allah.

Ini karena Allah telah berfirman kepada kita dalam Ibrani 12:14, *"Berusahalah hidup damai dengan semua orang dan kejarlah kekudusan, sebab tanpa kekudusan tidak seorangpun akan melihat Tuhan"*.

Oleh karena itu, Anda harus menyadari bahwa tidak seorangpun dapat masuk ke dalam Yerusalem Baru tempat terdapatnya tahta Allah, sama seperti halnya tidak seorangpun dapat masuk ke dalam ruang atau gedung di mana presiden atau raja tinggal untuk bertatap muka dengan mereka di dunia ini.

Seperti apa tahta Allah? Sebagian orang mungkin berpikir bahwa tahta Allah seperti kursi besar, tapi bukan demikian sebenarnya. Dengan menggunakan pikiran sempit, mungkin tahta Allah adalah sebuah kursi di mana Allah duduk, tapi dengan pemikiran luas, tahta Allah merujuk pada tempat tinggal Allah.

Jadi, "tahta Allah" merujuk pada tempat tinggal Allah, dan di sekeliling tahta-Nya yang berada di tengah-tengah Yerusalem Baru, terdapat pelangi dan tahta dari dua puluh empat tua-tua.

Pelangi dan tahta dari 24 tua-tua

Anda dapat merasakan keindahan, kemegahan, dan ukuran dari tahta Allah dalam Wahyu 4:3-6:

> *Dan Dia yang duduk di takhta itu nampaknya bagaikan permata yaspis dan permata sardis; dan suatu pelangi melingkungi takhta itu gilang-gemilang bagaikan zamrud rupanya. Dan sekeliling takhta itu ada dua puluh empat takhta, dan di takhta-takhta itu duduk dua puluh empat tua-tua, yang memakai pakaian putih dan mahkota emas di kepala mereka. Dan dari takhta*

itu keluar kilat dan bunyi guruh yang menderu. Dan tujuh obor menyala-nyala di hadapan takhta itu: itulah ketujuh Roh Allah. Dan di hadapan takhta itu ada lautan kaca bagaikan kristal; di tengah-tengah takhta itu dan di sekelilingnya ada empat makhluk penuh dengan mata, di sebelah muka dan di sebelah belakang.

Banyak malaikat dan pelayan surga yang melayani Allah. Juga banyak terdapat mahluk rohani lainnya seperti kerubim dan empat mahluk penuh dengan mata yang menjaga-Nya.

Juga, terdapat lautan kaca yang membentang di hadapan tahta Allah. Pemandangannya sungguh-sungguh indah, Dengan begitu banyak cahaya yang mengelilingi tahta Allah dan dipantulkan di atas lautan kaca.

Bagaimana dua puluh empat tua-tua mengelilingi tahta Allah? Dua belas dari mereka berada di belakang Tuhan, dan dua belas lainnya di belakang Roh Kudus. Kedua puluh empat tua-tua ini dikuduskan secara perorangan dan memiliki hak untuk bersaksi di hadapan Allah.

Tahta Allah sangat indah, megah, dan besar melampaui semua imajinasi manusia.

Asal mula tahta Allah

Kisah Para Rasul 7:55-56 menceritakan penglihatan Stefanus mengenai tahta Anak Domba yang berada di sisi kanan tahta Allah:

Tetapi Stefanus, yang penuh dengan Roh Kudus, menatap ke langit, lalu melihat kemuliaan Allah dan Yesus berdiri di sebelah kanan Allah. Lalu katanya:

"Sungguh, aku melihat langit terbuka dan Anak Manusia berdiri di sebelah kanan Allah".

Stefanus menjadi martir dengan dirajam batu ketika ia sedang berkhotbah tentang Yesus Kristus dengan lantang. Sesaat sebelum Stefanus mati, mata rohaninya terbuka dan ia dapat melihat Tuhan berdiri di atas sisi kanan singgasana Allah. Tuhan tidak dapat hanya duduk mengetahui Stefanus akan menjadi martir oleh orang-orang Yahudi yang telah mendengar pesannya. Jadi Tuhan berdiri dari tahta-Nya dan mencucurkan air mata menyaksikan Stefanus dirajam sampai mati, dan Stefanus melihat adegan ini dengan mata rohaninya yang terbuka.

Dengan demikian, Stefanus melihat tahta Allah di mana Allah dan Tuhan tinggal, dan Anda harus menyadari bahwa tahta ini berbeda dengan tahta yang dilihat rasul Yohanes di Yerusalem Baru.

Di masa lalu, apabila seorang raja meninggalkan istananya dan berkeliling negara dan rakyatnya, maka para stafnya membangun tempat yang menyerupai istana supaya raja dapat tinggal untuk sementara. Dengan cara yang sama, tahta Allah di Yerusalem Baru bukanlah merupakan tahta di mana Allah biasanya tinggal, tapi suatu tempat di mana Ia tinggal selama periode singkat.

Allah ada seorang diri sebagai terang

Allah ada seorang diri, merangkul seluruh alam semesta sebelum permulaan waktu (Keluaran 3:14; Yohanes 1:1; Wahyu 22:13). Alam semesta tidaklah sama dengan apa yang kita lihat dengan mata kita sekarang, tapi merupakan ruang tunggal sebelum pembagian menjadi dunia rohani dan dunia fisik. Allah ada sebagai terang dan menyinari seluruh alam semesta.

Ia bukan sekedar terang belaka, tapi ada sebagai kilau, cahaya yang indah dan menyerupai aliran air yang membawa warna-warna pelangi. Anda akan memahami hal ini dengan lebih baik apabila Anda melihat Aurora yang mengelilingi Kutub Utara. Aurora adalah sekelompok warna-warni cahaya yang menyebar seperti selendang, dan dikatakan bahwa pemandangannya sangat indah sehingga apabila seseorang melihatnya tidak akan dapat melupakan keindahannya.

Jadi, betapa akan lebih indahnya terang Allah – yang merupakan terang itu sendiri, dan bagaimana kita dapat mengungkapkan kemegahan dari begitu banyak cahaya indah yang bercampur?

Itulah kenapa dikatakan dalam 1 Yohanes 1:5, *"Dan inilah berita, yang telah kami dengar dari Dia, dan yang kami sampaikan kepada kamu: Allah adalah terang dan di dalam Dia sama sekali tidak ada kegelapan"*. Alasan dikatakan bahwa "Allah adalah terang" tidak hanya mengungkapkan arti rohani yang artinya Allah tidak memiliki kegelapan apapun, tapi juga menjabarkan rupa Allah yang ada sebagai cahaya sebelum permulaan.

Ini adalah Allah, yang sebelum permulaan waktu telah ada sendiri sebagai terang di alam semesta, diisi dengan suara.

Allah ada sebagai terang yang diisi dengan suara, dan suara itu adalah "Firman" sebagaimana Yohanes 1:1 menyinggung hal ini: *"Pada mulanya adalah Firman, Firman itu bersama-sama dengan Allah dan Firman itu adalah Allah"*.

Puncak dari Alam Rohani

Allah menghendaki seluruh orang untuk menyerupai

hati-Nya dan masuk ke Yerusalem Baru. Tapi, Ia tetap memperlihatkan kemurahan hati-Nya kepada mereka yang masih belum menyelesaikan tingkat penyucian ini melalui pemeliharaan umat manusia. Ia membagi kerajaan surga menjadi banyak tempat tinggal mulai dari Firdaus kemudian Kerajaan Pertama, Kedua, dan Kerajaan Ketiga Surga serta memberikan upah kepada anak-anak-Nya sesuai dengan apa yang telah mereka perbuat.

Allah memberikan Yerusalem Baru kepada anak-anak sejati-Nya yang telah menyelesaikan dan beriman kepada seluruh rumah-Nya. Ia telah membangun Yerusalem Baru dalam kenangan Yerusalem, yang merupakan pondasi injil, dan sebagai wadah baru untuk menampung mereka yang telah menyelesaikan Hukum dengan kasih.

Kita dapat membaca Wahyu 21:2 bahwa Allah telah mempersiapkan Yerusalem Baru yang sangat indah, Kota tersebut mengingatkan Yohanes tentang pengantin perempuan yang berhias:

> Dan aku melihat kota yang kudus, Yerusalem yang baru, turun dari sorga, dari Allah, yang berhias bagaikan pengantin perempuan yang berdandan untuk suaminya.

Yerusalem Baru seperti pengantin perempuan yang berhias

Allah sedang mempersiapkan tempat tinggal yang indah di surga untuk pengantin Allah yang mempersiapkan diri mereka untuk menerima tuang pengantin rohani Tuhan Yesus dengan menyunat hati mereka. Tempat paling indah di tengah tempat tinggal kekal ini adalah Kota Yerusalem Baru.

Itulah kenapa Wahyu 21:9 mengungkapkan Kota Yerusalem Baru, yang dihiasi dengan sangat indah untuk pengantin Tuhan, sebagai *"Pengantin, istri dari Anak Domba"*.

Betapa akan mempesonanya Yerusalem Baru karena kota tersebut adalah hadiah terbaik untuk pengantin Tuhan yang dipersiapkan sendiri oleh Allah. Orang-orang akan sangat terpukau ketika mereka masuk ke dalam rumah mereka masing-masing, dibangun dan dipelihara oleh kasih dan kelembutan Allah, dengan detil yang sangat diperhatikan. Karena Allah membuat setiap rumah dengan sempurna sesuai dengan cita rasa pemiliknya.

Seorang pengantin melayani suaminya dan memberikan tempat untuknya beristirahat. Dengan cara yang sama, rumah-rumah di Yerusalem Baru melayani dan merangkul pengantin Tuhan. Tempat tersebut sangat nyaman dan aman sehingga orang-orang dipenuhi dengan kebahagiaan dan kegembiraan.

Di dunia ini, tidak peduli seberapa baik seorang istri melayani suaminya, ia tidak dapat memberikan kedamaian dan kebahagiaan yang sempurna. Tapi, rumah-rumah di Yerusalem Baru dapat memberikan kedamaian dan kebahagiaan yang tidak pernah dialami manusia di dunia karena rumah-rumah mereka dibuat secara sempurna untuk memuaskan cita rasa pemiliknya. Rumah-rumah tersebut dibangun dengan indah dan luar biasa sesuai dengan cita rasa pemiliknya karena mereka adalah orang-orang yang hatinya menyerupai hati Allah. Betapa akan mengagumkan dan cemerlang mereka jadinya karena Tuhan yang melakukan pembangunannya?

Apabila Anda benar-benar percaya surga, Anda akan bahagia hanya dengan memikirkan tentang begitu banyak malaikat yang membangun rumah-rumah surgawi dengan emas dan permata mengikuti hukum Allah yang memberi upah kepada setiap orang menurut apa yang telah mereka lakukan.

Dapatkah Anda bayangkan betapa besar kegembiraan dan kebahagiaan hidup di Yerusalem Baru, yang melayani dan merangkul Anda seperti seorang istri?

Rumah-rumah surgawi dihias sesuai dengan perbuatan seseorang.

Rumah-rumah surgawi mulai dibangun sejak Tuhan kita bangkit dan naik ke surga, dan sekarang rumah-rumah tersebut masih terus dibangun sesuai dengan perbuatan kita. Oleh karena itu, pembangunan dari rumah orang-orang yang hidupnya di dunia telah berakhir sudah selesai dikerjakan; pondasi telah dibangun dan pilar-pilar telah didirikan untuk beberapa rumah; dan pekerjaan pada beberapa rumah sudah hampir selesai.

Apabila semua rumah surgawi dari orang-orang percaya sudah diselesaikan, Yesus berfirman kepada kita dalam Yohanes 14:2-3 bahwa Ia akan kembali ke bumi tetapi kali ini datang lewat udara.

Di rumah Bapa-Ku banyak tempat tinggal; jika tidak demikian, tentu Aku mengatakannya kepadamu, sebab Aku pergi ke situ untuk menyediakan tempat bagimu. Dan jika Aku pergi dan menyiapkan tempat bagimu, Aku akan datang kembali, dan menerima engkau kepada Diri-Ku, supaya di mana aku berada, kau juga ada di sana.

Tempat tinggal kekal dari orang-orang yang diselamatkan

diputuskan pada Penghakiman dari Tahta Putih.

Apabila pemiliknya memasuki rumah mereka setelah tempat tinggal dan upah sudah diputuskan sesuai dengan ukuran iman masing-masing orang, maka rumah tersebut akan bersinar sepenuhnya. Hal ini karena pemilik dan rumah tersebut merupakan pasangan sempurna saat pemilik rumah masuk ke dalam rumahnya seperti halnya suami dan istri yang menjadi satu daging.

Berapa banyakkah kemuliaan Allah akan memenuhi Yerusalem Baru karena tempat tersebut menyimpan tahta Allah, dan berapa banyak rumah anak-anak sejati Allah yang sedang dibangun di sana yang dapat berbagai kasih sejati dengan-Nya selamanya?

Mempelai dari Anak Domba

Dengan dibimbing oleh Roh Kudus, rasul Yohanes terpesona saat ia melihat Kota Suci Yerusalem Baru, dan ia berkata seperti berikut:

> *Lalu di dalam roh ia membawa aku ke atas sebuah gunung yang besar lagi tinggi dan ia menunjukkan kepadaku kota yang kudus itu, Yerusalem, turun dari surga, dari Allah, kota itu penuh dengan kemuliaan Allah. Cahayanya sama seperti permata yang paling indah, bagaikan yaspis, jernih sepeti kristal (Wahyu 21:10-11).*

Serupa dengan itu, Yohanes memberikan kemuliaan kepada Allah saat ia melihat kemegahan Yerusalem Baru dari atas gunung, saat ia dibimbing oleh Roh Kudus.

Yerusalem Baru, bersinar dengan kemuliaan Allah

Apa artinya kecemerlangan Yerusalem Baru yang bersinar dengan kemuliaan Allah *"cahayanya sama seperti permata yang paling indah, bagaikan yaspis, jernih seperti kristal"?* Ada banyak jenis permata dan mereka memiliki perbedaan nama sesuai dengan warna dan komponen yang dikandung didalamnya. Untuk dianggap berharga, setiap batu permata harus mengeluarkan warna yang indah. Oleh karena itu, ungkapan "seperti permata berharga" menyiratkan bahwa Yerusalem Baru memiliki keindahan sempurna. Rasul Yohanes membandingkan keindahan cahaya Yerusalem Baru dengan batu permata berharga yang dianggap orang sangat bernilai dan indah.

Selain itu, Yerusalem Baru memiliki rumah-rumah yang sangat megah dan besar, dan dihiasi dengan permata surgawi yang memancarkan sinar indah, dan Anda dapat mengatakan cahayanya berkilau dan indah meskipun Anda melihat Kota tersebut dari kejauhan. Warna putih kebiru-biruan yang gemerlapan dengan banyak warna lain terlihat menyelimuti Yerusalem Baru. Betapa akan terlihat indah dan menakjubkannya pemandangan tersebut?

Wahyu 21:18 mengatakan kepada kita bahwa dinding Yerusalem Baru dibuat dari yaspis. Tidak seperti yaspis buram yang ada di dunia ini, yaspis di surga memiliki warna kebiru-biruan yang sangat indah dan bening, seperti Anda melihat pada air yang jernih. Hampir tidak mungkin untuk mengungkapkan keindahan warnanya dengan benda-benda yang ada di dunia. Mungkin keindahannya dapat dibandingkan dengan cahaya sinar biru yang memantul pada ombak bening. Oleh karena itu, kita hanya dapat mengungkapkan warnanya sebagai bening, kebiru-biruan, dan putih. Yaspis mewakili keelokan dan kejernihan Allah, dan "kebenaran" Allah yang tidak bernoda, bening dan terang.

Ada banyak jenis kristal, dan dalam istilah surga hal tersebut merujuk kepada sesuatu yang tanpa warna, transparan, dan batu keras yang jernih, bening seperti air murni. Kristal yang jernih dan bening digunakan secara luas untuk dekorasi dari jaman dahulu karena kristal-kristal tersebut tidak hanya jernih dan transparan, tapi juga memantulkan cahaya dengan sangat indah.

Kristal, meskipun tidak terlalu mahal, sangat baik dalam memantulkan cahaya untuk membuatnya terlihat seperti pelangi. Selain itu, Allah telah menempatkan kilau kemuliaan pada kristal surgawi dengan kuasa-Nya, sehingga kristal surgawi tersebut tidak dapat dibandingkan dengan kristal yang ada di dunia. Rasul Yohanes berusaha untuk mengungkapkan keindahan, kejernihan dan kemilau Yerusalem Baru dengan kristal.

Kota Suci Yerusalem Baru dipenuhi dengan kemuliaan menakjubkan Allah. Betapa akan megah, indah dan kemilaunya Yerusalem Baru karena tempat tersebut menyimpan tahta Allah dan merupakan puncak di mana Allah membentuk diri-Nya menjadi Tritunggal?

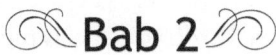

Bab 2

Nama dari Dua Belas Suku dan Dua Belas Rasul

Dan temboknya besar lagi tinggi
dan pintu gerbangnya dua belas buah;
dan di atas pintu-pintu gerbang itu ada
dua belas malaikat dan di atasnya
tertulis nama kedua belas suku Israel.
Di sebelah timur terdapat tiga pintu gerbang
dan di sebelah utara tiga pintu gerbang
dan di sebelah selatan tiga pintu gerbang
dan di sebelah barat tiga pintu gerbang.
Dan tembok kota itu mempunyai
dua belas batu dasar
dan di atasnya tertulis kedua belas
nama kedua belas rasul Anak Domba itu.
- Wahyu 21:12-14

Yerusalem Baru dikelilingi oleh dinding yang bersinar kemilau dengan cahaya. Mulut setiap orang akan ternganga melihat ukuran, kemegahan, keindahan dan kemuliaan dari dinding ini.

Kota tersebut berbentuk kubus dan memiliki tiga gerbang pada tiap-tiap sisinya: timur, barat, utara dan selatan. Totalnya adalah dua belas gerbang yang tidak terbayangkan besarnya.

Seorang malaikat agung dan terhormat menjaga setiap gerbang dan nama dari dua belas suku ditulis pada gerbang-gerbang ini.

Juga di sekeliling dinding Yerusalem Baru terdapat dua belas pondasi yang di atasnya berdiri dua belas pilar dan nama dari dua belas murid dituliskan diatasnya. Segala hal di Yerusalem Baru dibuat dengan jumlah dua belas, yaitu dasar dari jumlah cahaya. Hal ini untuk membantu setiap orang untuk dapat memahami dengan mudah bahwa Yerusalem Baru adalah tempat untuk mereka yang merupakan anak terang yang hatinya menyerupai hati Allah, yang Ia sendiri merupakan terang.

Mari kita lihat alasan dua belas malaikat menjaga dua belas gerbang Yerusalem Baru dan nama dari dua belas suku Israel dan dua belas murid dituliskan pada Kota tersebut.

Dua Belas Malaikat Menjaga Gerbang

Pada jaman dahulu, banyak tentara atau penjaga menjaga gerbang kastil di mana di tempat tersebut raja atau pejabat penting tinggal. Hal ini diperlukan untuk melindungi bangunan dari musuh dan penyusup. Tapi, ada dua belas malaikat menjaga gerbang Yerusalem Baru bahkan meskipun tidak seorangpun dapat masuk atau menyerbu karena Kota tersebut menyimpan tahta Allah. Jadi, apa alasannya?

Untuk menyatakan kekayaan, otoritas, dan kemuliaan

Kota Yerusalem Baru sangat besar dan luas di luar jangkauan imajinasi kita. Kota Terlarang di Cina yang dulu digunakan kaisar untuk tinggal, ukurannya hanya sebesar rumah perorangan di Yerusalem Baru. Bahkan ukuran dari Tembok Raksasa Cina, yang merupakan salah satu dari tujuh keajaiban dunia, tidak dapat dibandingkan dengan besarnya Kota Yerusalem Baru.

Alasan pertama adanya dua belas malaikat yang menjaga gerbang adalah untuk melambangkan kekayaan dan kehormatan, otoritas, dan kemuliaan. Bahkan saat inipun, orang yang sangat berkuasa atau kaya memiliki pengawal pribadi di dalam dan di sekeliling rumah mereka, dan hal ini memperlihatkan kekayaan dan otoritas dari pemilik rumah.

Oleh karena itu, menjadi jelas bahwa terdapat malaikat dengan posisi yang lebih tinggi menjaga gerbang Kota Yerusalem Baru yang menyimpan tahta Allah. Seseorang dapat merasakan otoritas Allah dan penghuni Yerusalem Baru hanya dengan sekilas memandang pada dua belas malaikat, yang mewakili keindahan dan kemuliaan Yerusalem Baru itu sendiri.

Untuk melindungi anak-anak Allah yang diakui

Jadi, apa alasan kedua bahwa dua belas malaikat menjaga gerbang-gerbang Yerusaelm Baru? Ibrani 1:14 mengatakan, *"Bukankah mereka semua adalah roh-roh yang melayani, yang diutus untuk melayani mereka yang harus memperoleh keselamatan?"* Allah melindungi anak-anak-Nya di dunia ini dengan mata-Nya yang berapi-api dan malaikat-malikat yang dikirimkan oleh-Nya. Oleh karena itu, mereka yang hidup sesuai dengan Firman Allah tidak akan difitnah oleh Setan tapi akan dilindungi dari ujian, masalah, bencana alam dan bencana oleh manusia, penyakit, dan kecelakaan.

Juga, tidak terhitung banyaknya malaikat di surga yang melakukan kewajiban mereka sesuai dengan perintah Allah. Di tengah mereka ada malaikat yang melihat, mencatat, dan melaporkan kepada Allah setiap perbuatan manusia, baik itu orang percaya maupun bukan. Pada Hari Penghakiman, Allah mengingat bahkan satu katapun yang dikeluarkan oleh masing-masing orang, dan memberi upah sesuai dengan apa yang telah mereka lakukan.

Dengan demikian, semua malaikat adalah roh yang melaluinya Allah memiliki kendali, jelas terlihat bahwa mereka melindungi dan menjaga anak-anak Allah bahkan di surga. Tentu saja, di sana tidak akan ada kecelakaan atau bahaya apapun karena di surga tidak ada kegelapan yang merupakan kepunyaan iblis, tapi ini merupakan kewajiban mereka untuk melayani tuannya. Kewajiban ini tidak dipaksakan oleh seorangpun tapi dijalankan dengan sukarela sesuai dengan tatanan dan keselarasan alam rohani; hal ini merupakan kewajiban alami yang diberikan kepada malaikat.

Untuk memelihara tatanan damai di Yerusalem Baru

Jadi, apa alasan ketiga bahwa dua belas malaikat menjaga gerbang-gerbang Yerusalem Baru?

Surga adalah alam rohani yang sempurna tanpa ada kekurangan apapun, dan dijalankan sesuai dengan tatanan yang sempurna. Di sana tidak ada kebencian, perselisihan, atau perintah tapi dijalankan dan dipelihara hanya dengan tatanan Allah. Upah dan otoritas ditegakkan sesuai dengan keadilan Allah, yang memberi upah sesuai dengan perbuatan dari masing-masing orang, dan semuanya berjalan dengan tatanan tersebut.

Sebuah rumah yang terpecah-pecah tidak akan bertahan. Dengan cara yang sama, bahkan dunia Setan tidak menentang dirinya sendiri tapi berjalan sesuai dengan tatanan tertentu (Markus 3:22-26). Jadi, akan seberapa lebih adilkah kerajaan Allah didirikan dan dijalankan sesuai tatanan?

Sebagai contoh, perjamuan yang digelar di Yerusalem Baru dilakukan sesuai dengan tatanan. Jiwa-jiwa yang diselamatkan di Kerajaan Ketiga, Kedua, Pertama dan Firdaus boleh memasuki Yerusalem Baru hanya berdasarkan undangan saja, hal ini sesuai dengan tatanan rohani. Di sana, mereka akan menyenangkan Allah dan berbagi kegembiraan dengan para penghuni Yerusalem Baru.

Apabila jiwa-jiwa yang diselamatkan di Firdaus, Kerajaan Pertama, Kedua, dan Ketiga dapat masuk ke Yerusalem Baru dengan bebas kapanpun mereka mau, apa yang akan terjadi? Seperti halnya nilai dari suatu barang terbaik dan sangat berharga berkurang tanpa dikelola dengan baik seiring berjalannya waktu dan pemakaian, apabila tatanan di Yerusalem Baru dilanggar, keindahannya tidak dapat dijaga dengan baik.

Oleh karena itu, supaya tatanan damai di Yerusalem Baru terpelihara, diperlukan dua belas gerbang dan malaikat menjaga pada setiap gerbangnya. Tentu saja, orang-orang percaya yang berada di Kerajaan Ketiga Surga dan di bawahnya tidak dapat masuk Yerusalem Baru dengan bebas meskipun tidak ada malaikat yang menjaga gerbang karena adanya perbedaan kemuliaan. Malaikat-malaikat bertugas memastikan bahwa tatanan ini dipelihara dengan benar.

Nama dari Dua Belas Suku Israel Dituliskan pada Dua Belas Gerbang

Kemudian, apa alasan untuk menulis nama dari dua belas suku Israel pada gerbang-gerbang Yerusalem Baru? Di dunia ini, untuk memperingati penyelesaian dan atau penutupan informasi penting dari sebuah proyek pembangunan, seringkali orang-

orang meletakkan batu pertama dengan tulisan atau membangun monumen di sekitar proyek. Serupa dengan itu, nama dari dua belas suku Israel melambangkan kenyataan bahwa dua belas gerbang Yerusalem Baru diawali dengan dua belas suku Israel.

Latar belakang dalam membuat dua belas gerbang

Adam dan Hawa, yang diusir dari Taman Eden karena dosa mereka yang tidak menaati perintah Allah sekitar 6.000 tahun lalu, melahirkan banyak anak ketika hidup di dunia ini. Saat dunia dipenuhi dengan dosa, setiap orang kecuali Nuh dan keluarganya, orang yang benar di tengah orang-orang pada masanya, dihukum dan dimusnahkan dengan air.

Kemudian sekitar 4.000 tahun yang lalu Abraham dilahirkan, dan ketika waktunya datang, Allah menetapkan Abraham sebagai bapa iman dan memberkatinya dengan berlimpah. Allah menjanjikan Abraham dalam Kejadian 22:17-18.

Maka Aku akan memberkati engkau berlimpah-limpah dan membuat keturunanmu sangat banyak seperti bintang di langit dan seperti pasir di tepi laut, dan keturunanmu itu akan menduduki kota-kota musuhnya. Oleh keturunanmulah semua bangsa di bumi akan mendapat berkat, karena engkau mendengarkan firman-Ku.

Allah menetapkan Yakub, yang merupakan cucu dari Abraham sebagai pendiri Israel, dan membuat pondasi untuk membentuk sebuah bangsa dengan dua belas anaknya. Kemudian, sekitar 2.000 tahun lalu, Allah mengirimkan Yesus sebagai keturunan dari suku Yehuda dan membuka jalan keselamatan untuk semua umat manusia.

Dengan cara ini, Allah membentuk orang-orang Israel dengan dua belas suku untuk memenuhi berkat yang telah ia berikan kepada Abraham. Selain itu, untuk melambangkan dan menandai kejadian ini, Allah membuat dua belas gerbang di Yerusalem Baru dan menuliskan nama dari dua belas suku Israel.

Sekarang, mari kita lihat lebih dekat Yakub, yang merupakan bapak moyang Israel, dan dua belas suku tersebut.

Yakub bapak moyang Israel dan dua belas anaknya

Yakub, cucu dari Abraham dan anak dari Ishak, mengambil hak lahir dari saudara tuanya Esau dengan cara yang licik dan harus melarikan diri dari saudaranya ke tempat pamannya yaitu Laban. Selama dua puluh tahun tinggal di rumah laban, Allah memurnikan Yakub sampai ia menjadi bapak pendiri Israel.

Kejadian 29:21 dan selanjutnya menjelaskan dengan detil perkawinan Yakub dan kelahiran dari dua belas anaknya. Yakub mencintai Rahel dan berjanji akan melayani Laban selama tujuh tahun sampai ia dapat menikahi Rahel tapi ia diperdaya oleh pamannya dan malah mengawini Lea saudara Rahel. Ia harus berjanji untuk melayani Laban selama tujuh tahun lagi supaya dapat mengawini Rahel kemudian. Yakub akhirnya dapat menikahi Rahel dan ia mencintai Rahel lebih dari cintanya kepada Lea.

Allah memberikan kemurahan hati-Nya kepada Lea, yang tidak dicintai oleh suaminya, dan membuka rahimnya. Lea melahirkan Ruben, Simon, Lewi dan Yehuda. Rahel dicintai oleh Yakub, tapi tidak dapat memberikan anak untuk beberapa lama. Rahel menjadi iri terhadap saudaranya Lea dan memberikan budaknya Bilha kepada suaminya sebagai istri. Bilha melahirkan

Dan dan Naftali. Saat Lea tidak dapat lagi mengandung, ia memberikan kepada Yakub budaknya Zilpa, sebagai istri dan Zilpa melahirkan Gad dan Asyer.

Kemudian, Lea menerima perjanjian dari Rahel untuk tidur dengan Yakub sebagai penukar buah dudaim anak sulungnya, Ruben. Ia melahirkan Isakhar dan Zebulon, lalu anak perempuan Dina. Kemudian Allah mengingat Rahel yang mandul dan membuka rahimnya, dan kali ini ia melahirkan Yusuf. Setelah kelahiran Yusuf, Yakub menerima sebuah perintah dari Allah untuk menyeberangi Sungai Yabok dan kembali ke kampung halamannya dengan kedua istrinya, dua budaknya, dan sebelas anak laki-lakinya.

Yakub mengalami banyak ujian di rumah pamannya Laban selama dua puluh tahun. Setelah itu ia merendahkan diri dan berdoa sampai sendi pangkal pahanya terpelecok di Sungai Yabok dalam perjalanan ke kampung halamannya. Ia kemudian mendapat nama baru "Israel" (Kejadian 32:28). Israel juga berdamai dengan saudaranya Esau dan tinggal di tanah Kanaan. Ia menerima berkat menjadi bapak moyang bangsa Israel dan mendapatkan anak bungsunya, Benyamin, melalui Rahel.

Dua belas suku Israel, orang-orang yang dipilih Allah

Yusuf, yang paling dikasihi oleh ayahnya di antara kedua belas anak laki-laki Israel, dijual ke Mesir pada usia 17 tahun oleh saudara-saudaranya yang merasa iri. Dalam pemeliharaan Allah, pada usia 30 tahun Yusuf menjadi perdana menteri Mesir. Karena mengetahui akan adanya bencana kelaparan hebat di tanah Kanaan, Allah mengirimkan Yusuf ke Mesir terlebih dulu, dan kemudian membuat seisi keluarganya pindah ke sana sehingga mereka akan bertambah banyak dan cukup untuk membuat sebuah bangsa.

Dalam Kejadian 49:3-28, Israel memberkati kedua belas anak laki-lakinya sesaat sebelum ia menghembuskan nafasnya yang terakhir, dan mereka adalah kedua belas suku Israel:

"Ruben, engkaulah anak sulungku;
Kekuatanku dan permulaan kegagahanku
(ayat 3)...
Simeon dan Lewi bersaudara;
Senjata mereka ialah alat kekerasan (ayat 5)...
Yehuda, engkau akan dipuji oleh saudara-saudaramu
(ayat 8)...
Zebulon akan diam di tepi pantai laut (ayat 13)...
Isakhar adalah seperti keledai yang kuat tulangnya,
Yang meniarap diapit bebannya (ayat 14)...
Adapun Dan, ia akan mengadili bangsanya,
Sebagai salah satu suku Israel (ayat 16)...
Gad, ia akan diserang oleh gerombolan,
Tetapi ia akan menyerang tumit mereka (ayat 19)...
Asyer, makanannya akan limpah mewah (ayat 20)...
Naftali adalah seperti rusa betina yang terlepas,
Ia akan melahirkan anak-anak indah (ayat 21)...
Yusuf adalah seperti pohon buah-buahan yang muda,
Pohon buah-buahan yang muda pada mata air (ayat 22)...
Benyamin adalah seperti serigala yang menerkam
(ayat 27)..."

Semua ini adalah dua belas suku Israel, dan inilah yang dikatakan oleh ayah mereka ketika ia memberkati mereka, memberikan kepada masing-masing berkat yang sesuai untuk mereka. Berkat-berkat itu berbeda karena masing-masing anak (suku) memiliki karakteristik, kepribadian, perbuatan dan sifat yang berbeda.

Melalui Musa, Allah memberikan Hukum kepada kedua belas suku Israel yang keluar dari Mesir dan mulai memimpin mereka ke tanah Kanaan, yang dilimpahi dengan susu dan madu. Dalam Ulangan 33-5-25, kita melihat Musa memberkati bangsa Israel sebelum kematiannya.

> *"Biarlah Ruben hidup dan jangan mati,*
> *Tetapi biarlah orang-orangnya*
> *sedikit jumlahnya (ayat 6)...*
> *Dengarlah, ya TUHAN, suara Yehuda,*
> *Dan bawalah dia kepada bangsanya (ayat 7)...*
> *Tentang Lewi ia berkata,*
> *"Biarlah Tumim dan Urim-Mu*
> *Menjadi kepunyaan orang yang Kaukasih" (ayat 8)...*
> *Tentang Benyamini ia berkata,*
> *"Biarlah kekasih TUHAN*
> *berdiam pada-Nya dengan tenteram!" (ayat 12)*
> *Tentang Yusuf ia berkata,*
> *"Kiranya negerinya diberkati oleh TUHAN,*
> *Dengan yang terbaik dari langit,*
> *dengan air embun, dan dengan air*
> *samudera raya yang ada di bawah" (ayat 13)...*
> *Itulah orang Efraim yang puluhan ribu,*
> *dan itulah orang Manasye yang ribuan (ayat 17)...*
> *Tentang Zebulon ia berkata,*
> *"Bersukacitalah, hai Zebulon,*
> *atas perjalanan-perjalananmu,*
> *dan engkaupun, hai Isakhar,*
> *atas kemah-kemahmu" (ayat 18)...*

Tentang Gad ia berkata,
"Terpujilah Dia
yang memberi kelapangan kepada Gad" (ayat 20)...
Tentang Dan ia berkata,
"Adapun Dan ialah anak singa,
Yang melompat keluar dari Basan" (ayat 22)...
Tentang Naftali ia berkata,
"Naftali kenyang dengan perkenanan,
dan penuh dengan berkat TUHAN" (ayat 23)...
Diberkatilah Asyer di antara anak-anak lelaki;
biarlah ia disukai oleh saudara-saudaranya (ayat 24)..."

Lewi, di antara kedua belas anak laki-laki Israel, dikecualikan dari dua belas suku itu untuk menjadi imam dan menjadi milik Allah. Dan, kedua anak laki-laki Yusuf, Manasye dan Efraim membentuk dua suku untuk menggantikan orang-orang Lewi.

Nama-nama dua belas suku

Lalu, bagaimana bisa kita, yang bukan merupakan anggota dari dua belas suku Israel atau pun merupakan keturunan langsung dari Abraham, dapat diselamatkan dan bisa melewati dua belas gerbang di mana nama-nama suku itu dituliskan?

Kita dapat menemukan jawaban untuk pertanyan itu di dalam Kita Wahyu 7:5-8:

Dan aku mendengar jumlah mereka yang dimeteraikan itu: seratus empat puluh empat ribu yang telah dimeteraikan dari semua suku keturunan Israel: Dari suku Yehuda dua belas ribu yang dimeteraikan, dari suku Ruben dua belas ribu, dari suku Gad dua belas ribu, dari suku Asyer dua belas ribu, dari suku Naftali dua belas ribu, dari suku Manasye dua belas ribu, dari suku Simeon dua belas ribu, dari suku Lewi dua belas ribu, dari suku Isakhar dua belas ribu, dari suku Zebulon dua belas ribu, dari suku Yusuf dua belas ribu, dari suku Benyamin dua belas ribu.

Dalam ayat-ayat ini, nama suku Yehuda muncul pertama diikuti oleh nama suku Ruben, tidak seperti dalam Kitab Kejadian dan Ulangan. Dan nama suku Dan dihapus dan nama suku Manasye ditambahkan.

Dicatat tentang dosa serius yang dilakukan oleh suku Dan di dalam 1 Raja-Raja 12:28-31.

Sesudah menimbang-nimbang, maka raja membuat dua anak lembu jantan dari emas dan ia berkata kepada mereka: "Sudah cukup lamanya kamu pergi ke Yerusalem. Hai Israel, lihatlah sekarang allah-allahmu, yang telah menuntun engkau keluar dari tanah Mesir. Lalu ia menaruh lembu yang satu di Betel dan yang lain ditempatkannya di Dan. Maka hal itu menyebabkan orang berdosa, sebab rakyat pergi ke Betel menyembah patung yang satu dan ke Dan menyembah patung yang lain. Ia membuat juga kuil-kuil di atas bukit-bukit pengorbanan, dan mengangkat imam-imam dari kalangan rakyat yang bukan dari bani Lewi."

Yerobeam, yang menjadi raja pertama dari Kerajaan Utara Israel, berpikir bahwa jika orang-orang pergi untuk mempersembahkan korban ke bait TUHAN di Yerusalem, mereka akan memberikan kesetiaan mereka kepada raja mereka,

Rehabeam raja Yehuda. Raja lalu membuat dua buah anak lembu emas, dan ia menaruh satu di Betel, dan yang lainnya di dan. Ia melarang orang-orang pergi ke Yerusalem untuk memberikan korban kepada Allah dan mengajak mereka untuk menyembah di Betel dan di Dan.

Suku Dan melakukan dosa penyembahan berhala dan membuat orang-orang biasa menjadi imam Allah walaupun tidak ada orang selain dari bani Lewi yang boleh menjadi imam. Dan mereka mengadakan perayaan pada hari kelima belas bulan delapan, seperti perayaan yang diadakan di Yehuda. Semua dosa ini tidak dapat diampuni oleh Allah dan mereka ditinggalkan oleh-Nya.

Maka, nama suku Dan dibuang dan diganti dengan nama suku Manasye. Fakta bahwa nama suku Manasye ditambahkan sudah dinubuatkan sebelumnya di dalam Kejadian 48:5. Yakub berkata seperti ini kepada anaknya Yusuf:

"Maka sekarang kedua anakmu yang lahir bagimu di tanah Mesir, sebelum aku datang kepadamu ke Mesir, akulah yang empunya mereka; akulah yang akan empunya Efraim dan Manasye sama seperti Ruben dan Simeon."

Yakub, bapa Israel, sudah memeteraikan Manasye dan Efraim sebagai miliknya. Maka, di dalam Kitab Wahyu di Perjanjian Baru, dapat ditemukan bahwa nama suku Manasyelah yang dicatat dan bukan suku Dan.

Fakta bahwa nama suku Manasye dicatat di antara kedua belas suku Israel dalam cara begini walaupun ia sendiri bukan salah satu dari kedua belas pemimpin Israel menunjukkan bahwa bangsa-bangsa lain akan mengambil tempat bangsa Israel dan diselamatkan.

Allah meletakkan dasar dari sebuah bangsa melalui kedua belas suku Israel. Sekitar dua ribu tahun lalu, Ia membuka gerbang pembasuhan dosa kita melalui darah berharga Yesus Kristus yang tercurah di kayu salib dan membuat semua orang dapat menerima keselamatan dengan iman.

Allah memilih orang-orang Israel yang berasal dari dua belas suku itu dan memanggil mereka "orang-Ku", tetapi karena mereka tidak mengikuti kehendak Allah, maka injil itu dialihkan kepada bangsa-bangsa lain.

Bangsa-bangsa bukan Israel, pucuk pohon zaitun liar yang dicabangkan, telah menggantikan orang-orang terpilih Allah dari Israel yang merupakan pucuk zaitun. Karena itulah rasul Paulus mengatakan di dalam Roma 2:28-29 bahwa *"Sebab yang disebut Yahudi bukanlah orang yang lahiriah Yahudi, dan yang disebut sunat, bukanlah sunat yang dilangsungkan secara lahiriah. Tetapi orang Yahudi sejati ialah dia yang tidak nampak keyahudiannya dan sunat ialah sunat di dalam hati, secara rohani, bukan secara hurufiah. Maka pujian baginya datang bukan dari manusia, melainkan dari Allah."*

Singkatnya, bangsa-bangsa lain telah menggantikan orang-orang Israel dalam menyelesaikan pemeliharaan Allah sama seperti suku dan dihapus dan suku Manasye ditambahkan. Karenanya, bahkan bangsa asing dapat memasuki Yerusalem Baru melalui kedua belas gerbang asalkan mereka memiliki kualifikasi iman yang layak.

Karena itu, bukan hanya mereka yang menjadi anggota dari dua belas suku Israel, tetapi juga mereka yang menjadi keturunan Abraham dalam iman akan memperoleh keselamatan. Saat bangsa-bangsa asing menjadi beriman, Allah tidak lagi menganggap mereka sebagai "orang kafir" tetapi dianggap sebagai anggota dari dua belas suku itu. Semua bangsa akan diselamatkan melalui dua belas gerbang itu, dan ini adalah kebenaran Allah.

Lagi pula, "kedua belas suku" Israel secara rohani merujuk pada semua anak Allah yang diselamatkan oleh iman, dan Allah telah menuliskan nama-nama dari kedua belas suku itu pada dua belas gerbang Yerusalem Baru untuk melambangkan hal ini.

Namun demikian, karena negara-negara dan wilayah yang berbeda memiliki karakteristik yang berbeda, maka kemuliaan masing-masing suku dari dua belas suku dan dua belas gerbang itu juga bervariasi di surga.

Nama-Nama dari Dua Belas Murid Dituliskan Pada Dua Belas Pondasi

Lalu, apakah sebabnya nama-nama dari dua belas murid dituliskan pada dua belas pondasi Yerusalem Baru?

Untuk mendirikan sebuah bangunan, harus ada pondasi untuk meletakkan tiang-tiangnya. Sangatlah mudah untuk memperkirakan ukuran dari sebuah bangunan jika Anda melihat kedalaman galiannya. Pondasi adalah hal yang sangat penting karena digunakan untuk menyokong berat dari keseluruhan bangunan.

Sama juga halnya, kedua belas pondasi diletakkan untuk menahan dinding-dinding Yerusalem Baru dan dua belas tiang, di mana dua belas gerbang itu dibuat. Barulah kemudian dua belas gerbangnya dibuat. Ukuran dari dua belas pondasi dan dua belas tiang itu sungguh sangat besar jauh melampaui pengertian kita, dan kita akan mempelajarinya di bab berikutnya.

Dua belas pondasi, lebih penting dari pada dua belas gerbang

Setiap bayangan memiliki pokok dari yang dipantulkannya. Dengan perumpamaan yang sama, Perjanjian Lama adalah bayangan dari Perjanjian Baru karena Perjanjian Lama menyaksikan tentang Yesus yang akan datang ke dunia ini sebagai Juru Selamat, dan Perjanjian Baru mencatat pelayanan Yesus yang sudah datang ke dunia ini, memenuhi semua nubuatan, dan menyelesaikan jalan keselamatan (Ibrani 10:1).

Allah, yang meletakkan pondasi dari sebuah bangsa melalui dua belas bangsa Israel dan menyatakan Hukum melalui Musa, mengajar dua belas murid itu melalui Yesus yang memenuhi Hukum dengan kasih dan membuat mereka sebagai saksi-saksi Tuhan sampai ke ujung-ujung bumi. Dengan begini, dua belas murid itu adalah para pahlawan yang membuat mungkin pemenuhan Hukum dari Perjanjian Lama dan membangun Kota Yerusalem Baru, bertindak bukan sebagai bayangan melainkan sebagai pokoknya.

Karenanya, kedua belas pondasi Yerusalem Baru lebih penting dari pada kedua belas gerbang, dan peranan kedua belas murid lebih penting dari pada kedua belas suku.

Yesus dan dua belas murid-Nya

Yesus Anak Allah, yang datang ke dunia ini sebagai manusia, memulai pelayanan-Nya pada usia 30 tahun, memanggil murid-murid-Nya, dan mengajar mereka. Ketika waktunya tiba, Yesus memperlengkapi murid-muridnya untuk mengusir setan dan menyembuhkan orang sakit. Matius 10:2-4 menyebutkan tentang kedua belas murid:

> *Inilah nama kedua belas rasul itu: Pertama Simon*
> *yang disebut Petrus dan Andreas saudaranya, dan*
> *Yakobus anak Zebedeus dan Yohanes saudaranya,*
> *Filipus dan Bartolomeus, Tomas dan Matius pemungut*
> *cukai, Yakobus anak Alfeus, dan Tadeus, Simon orang*
> *Zelot dan Yudas Iskariot yang mengkhianati Dia.*

Seperti yang diperintahkan Yesus, mereka mengkhotbahkan injil dan melakukan pekerjaan-pekerjaan kuasa Allah. Mereka bersaksi akan Allah yang hidup dan membawa banyak jiwa ke jalan keselamatan. Mereka semua, kecuali Yudas Iskariot, yang dihasut oleh Setan dan akhirnya menjual Yesus, menyaksikan kebangkitan dan kenaikan Yesus, dan mengalami Roh Kudus melalui doa-doa yang tekun.

Kemudian, saat Tuhan mengutus mereka, mereka menerima Roh Kudus dan kuasa dan menjadi saksi-saksi Tuhan di Yerusalem, seluruh Yudea dan Samaria, dan hingga ke ujung-ujung bumi.

Matias menggantikan Yudas Iskariot

Kisah Para Rasul 1:15-26 menggambarkan proses penggantian Yudas Iskariot di antara para murid. Mereka berdoa kepada Allah dan membuang undi. Ini dilakukan karena pada murid ingin agar hal itu berlaku menurut kehendak Allah, tanpa campur tangan pikiran manusia. Mereka akhirnya memilih seorang di antara orang-orang yang telah diajar oleh Yesus, seorang laki-laki bernama Matias.

Alasannya mengapa Yesus masih memilih Yudas Iskariot walaupun mengetahui bahwa pada akhirnya Yudas akan berkhianat ada di sini. Kenyataan bahwa Matias baru dipilih berarti bahwa bahkan para bangsa asing dapat menerima keselamatan. Itu juga berarti bahwa hamba-hamba Allah yang terpilih pada zaman ini berada di tempat Matias. Sejak kebangkitan dan kenaikan Tuhan, sudah ada banyak hamba Allah yang dipilih oleh Allah Sendiri, dan siapa pun yang menjadi satu dengan Tuhan dapat dipilih sebagai salah satu murid Tuhan, seperti Matias menjadi murid-Nya.

Hamba-hamba Allah yang dipilih oleh Allah Sendiri taat pada kehendak Tuan mereka hanya dengan "Ya". Jika hamba-hamba Allah tidak taat pada kehendak-Nya, mereka dapat dan tidak akan dipanggil "hamba-hamba Allah" atau "hamba-hamba pilihan Allah".

Kedua belas murid termasuk Matias menyerupai Tuhan, menyelesaikan pengudusan, menaati pengajaran Tuhan dan sepenuhnya melakukan kehendak Allah. Mereka menjadi pondasi misi dunia dengan memenuhi kewajiban mereka sampai mereka menjadi martir.

Nama-nama dari dua belas murid

Mereka yang telah diselamatkan oleh iman, walaupun mereka tidak dikuduskan dan juga tidak setia dalam semua rumah Allah, dapat mengunjungi Yerusalem Baru dengan undangan, tetapi mereka tidak dapat tinggal di sana selamanya. Demikianlah, alasannya mengapa nama-nama kedua belas murid dituliskan pada dua belas pondasi adalah untuk mengingatkan kita bahwa hanya mereka yang dikuduskan dan setia dalam semua rumah Allah di kehidupan sekarang yang dapat datang ke Yerusalem Baru.

Kedua belas suku Israel merujuk kepada semua anak Allah

yang diselamatkan oleh iman. Mereka yang dikuduskan dan setia dengan segenap hidup mereka akan memiliki kualifikasi untuk memasuki Yerusalem Baru. Untuk alasan-alasan inilah, maka dua belas pondasi menjadi penting, dan karena itulah nama-nama dari dua belas murid tidak dituliskan pada dua belas gerbang melainkan pada dua belas pondasi.

Lalu, mengapakah Yesus hanya memilih dua belas murid? Dalam hikmat-Nya yang sempurna, Allah memenuhi pemeliharaan-Nya yang telah Ia siapkan sebelum waktu dimulai dan menyelesaikan segala sesuatu menurut itu. Demikianlah, kita mengetahui bahwa Yesus memilih hanya dua belas murid juga dilakukan menurut rencana Allah.

Allah, yang membentuk dua belas suku di dalam Perjanjian Baru, memilih dua belas murid, menggunakan angka 12 yang juga mewakili "terang" dan "kesempurnaan" dalam Perjanjian Baru, dan bayangan dari Perjanjian Lama serta pokok dari Perjanjian Baru menjadi satu pasangan.

Allah tidak berubah pikiran dan rencana yang pernah ia rancangkan, dan memegang Firman-Nya. Karena itu, kita harus mempercayai semua Firman Allah dalam Alkitab, mempersiapkan diri kita sebagai pengantin Tuhan untuk menerima Dia, dan mencapai serta memperoleh kualifikasi yang diperlukan untuk dapat memasuki Yerusalem Baru seperti kedua belas murid.

Yesus mengatakan kepada kita di dalam Wahyu 22:12, *"Sesungguhnya Aku datang segera dan Aku membawa upah-Ku untuk membalaskan kepada setiap orang menurut perbuatannya"*.

Kehidupan Kristen seperti apakah yang harus Anda jalani jika Anda sungguh-sungguh percaya bahwa Tuhan akan segera datang kembali? Anda jangan hanya puas dengan menerima keselamatan oleh iman di dalam Yesus Kristus, tetapi juga harus mencoba untuk membuang dosa-dosa Anda dan menjadi setia dalam segala kewajiban Anda.

Saya berdoa dalam nama Tuhan Yesus Kristus supaya Anda akan memiliki kemuliaan dan berkat kekal di dalam Yerusalem Baru seperti para bapa iman yang nama-namanya dituliskan pada kedua belas gerbang dan dua belas pondasi.

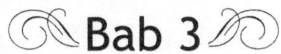

Bab 3

Ukuran Yerusalem Baru

Dan ia, yang berkata-kata dengan aku,
mempunyai suatu tongkat pengukur dari
emas untuk mengukur kota itu serta
pintu-pintu gerbangnya dan temboknya.
Kota itu bentuknya empat persegi,
panjangnya sama dengan lebarnya.
Dan ia mengukur kota itu dengan tongkat itu:
dua belas ribu stadia; panjangnya
dan lebarnya dan tingginya sama.
Lalu ia mengukur temboknya:
seratus empat puluh empat hasta,
menurut ukuran manusia,
yang adalah juga ukuran malaikat.

- Wahyu 21:15-17

Sebagian orang percaya berpikir bahwa semua orang akan masuk ke Yerusalem Baru yang menyimpan tahta Allah, atau salah paham bahwa Yerusalem Baru itu adalah surga itu sendiri. Tapi, Yerusalem Baru bukan seluruh surga tersebut, tapi hanya merupakan bagian dari surga yang tak berujung. Hanya anak sejati Allah yang kudus dan disucikan dapat memasukinya. Berapa luas, yang dapat Anda bayangkan, ukuran dari Yerusalem

Baru tersebut, yang telah dipersiapkan oleh Allah untuk anak-anak sejatinya?

Mari kita menyelidiki ukuran dan bentuk Yerusalem Baru, dan arti rohani yang tersembunyi didalamnya.

Diukur dengan Tongkat Pengukur Emas

Adalah hal yang alami untuk mereka yang memiliki iman sejati dan berharap akan Yerusalem Baru merasa takjub dengan bentuk dan ukuran dari Kota tersebut. Karena Kota tersebut adalah tempat untuk anak-anak Allah yang disucikan dan sepenuhnya menyerupai Tuhan, Allah telah mempersiapkan Yerusalem Baru dengan sangat indah dan luar biasa.

Dalam Wahyu 21:15, Anda dapat membaca tentang seorang malaikat yang berdiri dengan tongkat pengukur emas untuk mengukur ukuran dari gerbang dan dinding Yerusalem Baru. Jadi, apa alasan Allah membuat Yerusalem Baru diukur dengan tongkat pengukur emas?

Tongkat pengukur emas adalah sejenis batang lurus yang digunakan untuk mengukur jarak di surga. Apabila Anda mengetahui arti dari emas dan buluh, Anda dapat memahami alasan Allah mengukur dimensi Yerusalem Baru dengan menggunakan buluh emas.

Emas mewakili "iman" karena emas tidak pernah berubah sampai kapanpun. Ayub mengatakan dalam Ayub 23:10, *"Karena Ia tahu jalan hidupku; seandainya Ia menguji aku, aku akan timbul seperti emas"*. Oleh karena itu, emas dari buluh emas melambangkan kenyataan bahwa pengukuran Allah tepat dan tidak pernah berubah, dan semua janji-Nya akan ditepati.

Karakteristik buluh yang digunakan untuk mengukur iman

Buluh berukuran panjang dan tepi-tepinya tidak tajam. Buluh mudah berayun-ayun oleh angin tapi tidak pernah patah, buluh memiliki kekuatan dan kelembutan pada saat yang bersamaan. Buluh memiliki mata tunas, dan hal ini berarti bahwa Allah memberi upah sesuai dengan apa yang telah dilakukan seseorang.

Oleh karena itu, alasan Allah mengukur Kota Yerusalem Baru dengan buluh emas adalah untuk mengukur iman masing-masing orang dengan tepat dan mengembalikannya sesuai dengan apa yang telah mereka lakukan.

Sekarang, mari kita pertimbangkan karakteristik dan arti rohani dari buluh untuk memahami kenapa Allah mengukur dimensi dari Yerusalem Baru dengan buluh emas.

Pertama-tama, buluh memiliki akar yang sangat kuat dan dalam. Tingginya sekitar 1-3 meter, atau sekitar 3-10 kaki, dan hidup bergerombol di pasir rawa atau danau. Buluh kalihatannya memiliki akar yang lemah, tapi kita tidak dapat mencabutnya dengan mudah.

Dengan cara yang sama, anak-anak Allah juga harus berakar kuat dalam iman dan berdiri diatas batu karang iman. Hanya dengan memiliki iman yang tidak berubah yang tidak akan tergoncang dalam keadaan apapun, barulah Anda akan dapat masuk ke Yerusalem Baru yang dimensinya diukur dengan buluh emas. Inilah alasan kenapa rasul Paulus berdoa untuk orang percaya di Efesus, *"sehingga oleh imanmu Kristus diam di dalam hatimu dan kamu berakar serta berdasar di dalam kasih"* (Efesus 3:17).

Kedua, buluh memiliki sisi-sisi yang sangat lembut. Karena Yesus memiliki hati yang lembut, seperti buluh, ia tidak pernah bertengkar atau berteriak. Bahkan apabila orang lain mengkritik atau menghujat-Nya, Yesus tidak akan mendebat tapi malah pergi menjauh.

Oleh karena itu, mereka yang memiliki harapan akan Yerusalem Baru harus memiliki hati seperti Yesus. Apabila Anda merasa tidak nyaman saat orang lain memperlihatkan kesalahan Anda atau menegur Anda, berarti Anda masih memiliki hati yang keras dan sombong. Apabila Anda memiliki hati yang lembut seperti kapas, Anda dapat menerima hal-hal seperti itu dengan kegembiraan tanpa rasa sesal atau tidak puas.

Ketiga, buluh dengan mudah berayun karena angin tapi tidak mudah patah. Setelah terkena badai besar, pohon besar biasanya roboh, tapi buluh biasanya tidak patah meskipun dengan badai yang kuat karena buluh memiliki kelenturan. Orang-orang di dunia ini terkadang membandingkan pikiran dan hati wanita dengan buluh untuk mengungkapkan perempuan dengan cara yang buruk, tapi perbandingan Allah sebaliknya. Buluh memiliki kelembutan dan sepertinya terlihat lemah, tapi buluh memiliki kekuatan untuk tidak patah bahkan apabila terkena angin kuat, dan mereka memiliki keindahan dan keanggunan dari bunganya yang berwarna putih.

Karena buluh memiliki semua aspek dari kelembutan, kekuatan, dan keindahan, maka buluh dapat melambangkan keadilan dari penghakiman. Karakteristik dari buluh juga dapat dilambangkan dengan negara Israel. Israel memiliki teritorial dan populasi yang relatif kecil, dan dikelilingi dengan tetangga yang bermusuhan. Israel terlihat seperti negara yang lemah, tapi tidak pernah "patah" dalam keadaan apapun. Hal ini karena

Israel memiliki iman kuat dalam Allah, iman yang berakar dalam nenek moyang iman termasuk Abraham. Meskipun mereka terlihat secara fisik dapat dihancurkan dengan sekejap, iman orang Israel dalam Allah membuat mereka tegak berdiri dengan kuat.

Dengan cara yang sama, untuk dapat masuk ke Yerusalem Baru, kita harus memiliki iman yang tidak pernah bergoncang dalam keadaan apapun, berakar dalam Yesus Kristus yang merupakan batu iman, seperti buluh dengan akar yang kuat.

Keempat, buluh memiliki batang yang lurus dan lentur sehingga buluh sering digunakan untuk membuat atap, panah, atau mata pena. Batang yang lurus juga melambangkan maju ke depan. Iman dikatakan "hidup" hanya apabila iman terus maju ke depan. Mereka yang meningkatkan dan membangun dirinya sendiri akan tumbuh dalam iman dari hari ke hari, dan terus maju menuju surga.

Allah memilih wadah yang baik ini yang maju menuju surga, memperbaiki dan membuat mereka sempurna sehingga orang-orang ini akan dapat masuk ke Yerusalem Baru. Oleh karena itu, kita harus maju menuju surga seperti daun yang bertunas dari ujung batang yang lurus.

Kelima, seperti banyak puisi yang menuliskan tentang buluh untuk menggambarkan keadaan yang damai, rupa dari buluh sangat lembut dan indah, dan daunnya sangat indah dan elegan. Seperti 2 Korintus 2:15 mengatakan, *"Sebab bagi Allah kami adalah bau yang harum dari Kristus di tengah-tengah mereka yang diselamatkan dan di antara mereka yang binasa"*. Mereka yang berdiri di atas batu karang iman menebarkan aroma Kristus. Mereka yang memiliki hati seperti ini memiliki wajah anggun dan nyaman, sehingga orang-orang dapat merasakan surga melalui mereka. Oleh karena itu, untuk dapat masuk ke

Yerusalem Baru, kita harus menebarkan aroma Kristus yang seperti bunga lembut dan daun anggun yang dimiliki buluh.

Keenam, buluh memiliki daun yang tipis dan tepiannya cukup tajam untuk memotong kulit hanya dengan menyentuhnya. Dengan cara yang sama, mereka yang memiliki iman tidak boleh berkompromi dengan dosa tapi harus menjadi seperti silet dengan menyingkirkan dosa-dosa.

Daniel, yang merupakan seorang menteri di Persia dan sangat dikasihi oleh raja, menghadapi cobaan yang mana ia diperintahkan untuk dimasukkan ke dalam kandang singa oleh orang jahat yang iri terhadapnya. Tapi, ia tidak berkompromi sama sekali, melainkan berpegang teguh dengan imannya. Sebagai hasilnya, Allah mengirimkan malaikat-Nya untuk menutup mulut singa, dan membuat Daniel memuliakan Allah di depan raja dan semua orang.

Allah disenangkan dengan jenis iman seperti Daniel, jenis iman yang tidak berkompromi dengan dunia. Ia melindungi mereka yang memiliki jenis iman seperti ini dari segala jenis kesulitan dan ujian, dan membuat mereka memuliakan Allah pada akhirnya. Juga, Ia memberkati dan menjadikan mereka *"kepala, bukan ekor"* kemana pun mereka pergi (Ulangan 28:1-14).

Selain itu, sebagaimana halnya Amsal 8:13 mengatakan kepada kita, *"Takut akan TUHAN ialah membenci kejahatan"*, apabila Anda memiliki kejahatan di dalam hati, Anda harus menyingkirkannya melalui doa dan puasa terus-menerus. Hanya apabila Anda tidak berkompromi dengan dosa tapi membenci kejahatan, Anda akan disucikan dan memiliki persyaratan untuk masuk ke Yerusalem Baru.

Kita harus mempertimbangkan alasan Allah mengukur Kota Yerusalem Baru dengan buluh emas dengan melihat pada enam karakteristik buluh tersebut. Penggunaan dari buluh emas membuat kita mengetahui bahwa Allah mengukur iman kita dengan tepat dan memberikan upah sesuai dengan apa yang telah kita lakukan, dan Ia menepati janjinya. Oleh karena itu, saya berharap Anda akan menyadari bahwa Anda harus memiliki persyaratan yang sesuai dengan arti rohani dari buluh emas, menyingkirkan segala jenis kejahatan, dan menyempurnakan hati Tuhan.

Bentuk Kubus Yerusalem Baru

Allah telah secara spesifik mencatat ukuran dan bentuk Yerusalem Baru di dalam Alkitab. Wahyu 21:16 mengatakan kepada kita bahwa Kota tersebut memiliki bentuk kubus dengan panjang, lebar dan tingginya lima belas ribu mil (12.000 stadia). Mengenai hal ini sebagian orang mungkin akan berkata, 'Tidakkah kita seperti akan merasa terkurung didalamnya?' Tapi, Allah telah membuat interior Yerusalem Baru menjadi sangat nyaman dan menyenangkan. Juga, orang tidak dapat melihat Kota Yerusalem Baru dari bagian luar, tapi orang di bagian dalam dapat melihat ke luar. Dengan kata lain, tidak ada alasan untuk merasa tidak nyaman atau terkurung di dalam tembok.

Yerusalem Baru dalam bentuk empat persegi

Jadi, apa alasan Allah membuat Yerusalem Baru dengan bentuk empat persegi? Panjang dan lebar yang sama mewakili tatanan, ketepatan, keadilan, dan kebenaran Kota Yerusalem Baru. Allah mengendalikan semua hal sesuai tatanan sehingga tidak terhitung banyaknya bintang, bulan, matahari, sistem tata surya, dan alam semesta bergerak dengan tepat tanpa kesalahan apapun. Dengan demikian, Allah telah membuat Kota Yerusalem Baru dalam bentuk empat persegi untuk mengungkapkan bahwa Ia mengendalikan semua hal dan sejarahnya sesuai tatanan, dan mengisi semua hal sampai akhir zaman dengan tepat.

Yerusalem Baru memiliki lebar dan panjang yang sama, dan dua belas gerbang dan dua belas pondasi, tiga buah di setiap sudutnya. Hal ini melambangkan bahwa di mana pun seseorang hidup di dunia ini, maka peraturan akan diterapkan secara adil kepada mereka yang memiliki persyaratan untuk masuk ke Yerusalem Baru. Yaitu, orang-orang yang memenuhi persyaratan sesuai dengan pengukuran dari buluh emas akan masuk ke Yerusalem Baru tidak peduli dengan jenis kelamin mereka, umur, atau ras.

Hal ini karena Allah, dengan kelurusan dan sifat-Nya, mengadili dengan adil dan mengukur persyaratan untuk masuk ke Yerusalem Baru dengan tepat. Selain itu, empat persegi mewakili utara, selatan, timur dan barat. Allah telah membuat Yerusalem Baru, dan memanggil anak-anak sejati-Nya yang diselamatkan dengan iman di antara bngsa-bangsa dari keempat penjuru.

Lebar, panjang dan tingginya 2.400 km

Wahyu 21:16 mengatakan, *"Kota itu bentuknya empat persegi, panjangnya sama dengan lebarnya. Dan ia mengukur kota itu dengan tongkat itu: dua belas ribu stadia; panjangnya dan lebarnya dan tingginya sama"*. 'Lima belas ribu mil' dikonversi menjadi 'Dua belas ribu (12.000) stadia (2.400 kilometer).

Wahyu 21:17 mengatakan, *"Lalu ia mengukur temboknya:*

seratus empat puluh empat hasta, menurut ukuran manusia, yang adalah juga ukuran malaikat".

Dinding Kota Yerusalem Baru memiliki ketebalan tujuh puluh dua yard. "Tujuh puluh dua yard" dikonversi menjadi sekitar '144 cubit' atau 65 meter, atau 213 kaki. Karena Kota Yerusalem Baru sangat besar, maka dindingnya pun sangat tebal.

❦Bab 4❧

Dibuat dari Emas Murni
Dan Permata dari Semua Warna

Tembok itu terbuat dari permata yaspis;
dan kota itu sendiri dari emas tulen,
bagaikan kaca murni.

- Wahyu 21:18

Anggap Anda memiliki semua kekayaan dan otoritas untuk membangun sebuah rumah yang di dalamnya Anda dan orang yang Anda kasihi akan hidup selamanya. Bagaimana Anda akan merancangnya? Bahan apa saja yang akan Anda gunakan? Tidak masalah berapapun biayanya, lamanya waktu, dan jumlah tenaga kerja yang diperlukan untuk membangun rumah tersebut, Anda pastinya akan membangun rumah tersebut dengan cara yang paling indah dan menawan.

Dengan cara yang sama, tidakkah Bapa kita akan membangun dan menghiasi Yerusalem Baru secara indah dengan bahan terbaik dari surga untuk tinggal kekal di sana dengan anak-anak terkasih-Nya? Selain itu, setiap bahan di Yerusalem Baru memiliki arti yang berbeda untuk mengenali waktu yang telah kita lalui dengan iman dan kasih di dunia ini, dan segala hal di sana sangat menakjubkan.

Sangat lumrah bagi mereka yang merindukan Yerusalem Baru

kalau di dalam hati mereka berkeinginan untuk mengetahui tentang Yerusalem Baru.

Allah mengetahui hati dari orang-orang ini dan memberikan kita berbagai potongan informasi mengenai Yerusalem Baru, termasuk ukurannya, bentuk, dan bahkan ketebalan dari dindingnya, secara detil di dalam Alkitab.

Jadi, Yerusalem Baru terbuat dari apa?

Dihiasi dengan Emas Murni dan Segala Jenis Permata

Yerusalem Baru, yang telah dipersiapkan Allah untuk anak-anak-Nya, dibuat dari emas murni yang tidak pernah berubah dan dihiasi dengan permata. Di surga, tidak ada material seperti tanah di dunia ini, yang berubah seiring berlalunya waktu. Jalanan di Yerusalem Baru dibuat dari emas murni dan pondasinya dibuat dengan permata. Apabila pasir di tepi sungai air kehidupan adalah emas dan perak, betapa akan menakjubkannya material-material untuk bangunan yang lain?

Yerusalem Baru: Mahakarya Allah

Di antara bangunan terkenal di dunia, kemilaunya, nilai, keanggunan dan keindahannya berbeda satu sama lain tergantung pada material yang digunakan untuk membangunnya. Marmer lebih berkilau, lebih elegan, dan lebih indah dibanding pasir, kayu atau semen.

Dapatkah Anda bayangkan betapa indah dan menakjubkannya apabila Anda membangun seluruh gedung dengan emas dan permata yang mahal? Oleh karena itu, betapa akan lebih indah dan fantastisnya bangunan-bangunan di surga yang dibuat dari bahan-bahan paling indah!

Emas dan permata di surga yang dibuat oleh kuasa Allah sangat berbeda dalam kualitas, warna dan kemurniannya dibandingkan dengan yang ada di dunia. Kemurnian dan kemilaunya bersinar sangat indah dan tidak dapat diungkapkan dengan kata-kata.

Bahkan di dunia ini, banyak jenis benda-benda dapat dibuat dari tanah liat yang sama. Benda-benda tersebut dapat berupa porselen cina yang mahal atau sekedar peralatan dari tanah liat yang murah tergantung pada jenis tanah liat dan tingkat keterampilan pembuatnya. Perlu ribuan tahun bagi Allah untuk membangun Yerusalem Baru, yang merupakan mahakarya-Nya, yang diisi dengan kemegahan, kemuliaan, dan kesempurnaan Arsitektur Kota.

Emas Murni melambangkan iman dan kehidupan kekal

Emas murni adalah seratus persen emas tanpa adanya bahan pencemar lain, dan satu-satunya benda yang tidak pernah berubah di dunia ini. Karena sifatnya ini, banyak negara menggunakannya sebagai standar mata uang dan nilai tukar, dan emas juga digunakan sebagai bahan dekorasi dan industri. Emas murni sangat dicari dan diinginkan oleh banyak orang.

Alasan Allah memberikan kita emas di dunia ini adalah untuk membuat kita menyadari bahwa ada hal-hal yang tidak pernah berubah, dan dunia kekal itu ada. Benda-benda di dunia ini menjadi usang dan berubah seiring berjalannya waktu. Apabila kita hanya mengenal hal-hal seperti itu, akan menjadi sulit bagi kita untuk menyadari bahwa ada surga yang kekal dengan keterbatasan pengetahuan kita.

Itulah kenapa Allah membuat kita mengetahui bahwa ada benda-benda abadi melalui emas ini yang tidak pernah berubah. Hal ini adalah supaya kita menyadari bahwa ada hal-hal yang tidak pernah berubah dan kita berharap akan surga yang kekal. Emas murni melambangkan iman rohani yang tidak pernah berubah. Oleh karena itu, apabila Anda bijaksana, Anda akan berusaha untuk memperoleh iman yang tidak pernah berubah seperti emas murni.

Banyak benda-benda di surga yang dibuat dari emas murni. Bayangkanlah betapa bersyukurnya kita dengan mengetahui bahwa surga dibuat dari emas murni, yang dianggap sebagai benda paling berharga di dunia ini!

Tapi, mereka yang tidak bijak menghargai emas hanya sebagai benda untuk meningkatkan atau memperlihatkan kekayaan mereka. Oleh karena itu, mereka menjauh dari Allah dan tidak mengasihi-Nya, dan mereka benar-benar akan masuk ke dalam danau api atau belerang api di dalam neraka, dan akan terus-menerus menyesal:

"Aku seharusnya tidak menderita di dalam neraka apabila aku menganggap iman lebih berharga daripada emas".

Oleh karena itu, saya berharap Anda akan menjadi bijaksana dan memiliki surga dengan berusaha untuk memperoleh iman yang tidak pernah berubah, bukan emas yang ada di dunia ini yang apabila Anda mati akan ditinggalkan.

Permata melambangkan kemuliaan dan kasih Allah

Permata adalah padat dan memiliki indeks refraksi yang tinggi. Permata memiliki dan memancarkan warna dan cahaya yang indah. Karena tidak banyak permata yang dibuat, maka benda tersebut dicintai oleh banyak orang dan dianggap berharga. Di surga, Allah akan memakaikan mereka yang memiliki iman dengan kain lenan berkualitas dan menghiasinya dengan banyak permata untuk mengungkapkan kasih-Nya.

Orang-orang mengasihi permata dan berusaha untuk membuat dirinya terlihat lebih indah dengan berhias menggunakan berbagai hiasan. Betapa akan menjadi sangat menggembirakan apabila Allah memberikan Anda banyak permata yang berkilau di surga?

Seseorang mungkin bertanya "Kenapa kita perlu permata di surga?" Permata di surga melambangkan kemuliaan Allah, dan jumlah dari permata yang diupahkan kepada seseorang melambangkan kasih Allah pada orang tersebut.

Ada begitu banyak rupa dan warna dari permata di surga. Untuk dua belas pondasi Yerusalem Baru, ada safir yang berwarna biru tua transparan, batu zamrud yang berwarna hijau transparan, batu rubi yang berwarna merah tua, dan batu ratna cempaka yang berwarna hijau kekuningan transparan. Batu beril berwarna hijau kebiruan yang mengingatkan kita pada warna laut yang bening, dan topaz memiliki warna oranye lembut. Krisopras berwarna hijau tua agak transparan, dan ametis berwarna ungu muda atau ungu tua.

Selain itu, terdapat banyak permata yang memiliki dan memancarkan warna-warna indah seperti batu yaspis, batu mirah, batu unam dan batu lazuardi. Semua permata ini memiliki nama dan arti yang berbeda sebagaimana permata di dunia ini. Warna dan nama dari masing-masing permata digolongkan untuk memperlihatkan martabat, derajat, nilai dan kemuliaannya.

Seperti halnya permata di dunia ini yang memancarkan warna dan kemilau yang berbeda, permata di surga juga memiliki berbagai warna dan cahaya, dan permata di Yerusalem Baru berkilau dua kali atau tiga kali lebih kuat dibanding permata yang ada di dunia.

Cukup jelas, bahwa permata-permata ini lebih indah apabila dibandingkan dengan permata yang ada di dunia karena Allah sendiri yang memolesnya dengan kuasa penciptaan. Itulah kenapa rasul Yohanes mengatakan keindahan Yerusalem Baru seperti batu permata yang paling berharga.

Juga, permata di Yerusalem Baru memancarkan cahaya yang lebih indah dibanding permata dari tempat tinggal lain karena anak Allah yang masuk ke Yerusalem Baru telah menyelesaikan sepenuhnya hati Allah dan memberikan kemuliaan kepada-Nya. Jadi, baik di luar maupun di dalam Yerusalem Baru dihiasi dengan begitu banyak permata indah dari berbagai warna. Tapi, permata-permata ini tidak diberikan kepada semua orang, Tapi diberikan sesuai dengan perbuatan iman masing-masing orang ketika hidup di dunia.

Dinding Yerusalem Baru Dibuat dari Yaspis

Wahyu 21:18 mengatakan kepada kita bahwa dinding Yerusalem Baru "dibuat dari yaspis". Dapatkah Anda bayangkan betapa besar dinding Yerusalem Baru yang dibuat dari yaspis?

Yaspis melambangkan iman rohani

Yaspis yang ditemukan di dunia biasanya berupa batu keras dan buram. Warnanya bervariasi, mulai dari hijau, merah sampai hijau kekuningan. Beberapa warna ini bercampur atau sebagian yaspis ini memiliki bintik-bintik. Kepadatannya berbeda tergantung pada warnanya. Yaspis relatif murah dan sebagian dari yaspis ini mudah pecah, tapi yaspis surga yang dibuat oleh Allah tidak pernah berubah dan pecah. Yaspis surgawi memiliki warna putih kebiruan dan transparan sehingga seperti Anda melihat ke dalam air yang bening. Meskipun yaspis ini ntidak dapat dibandingkan dengan apapun yang ada di dunia, kemilau yaspis ini serupa dengan samudera yang memantulkan sinar matahari.

Yaspis melambangkan iman rohani. Iman adalah unsur paling penting dan mendasar dalam menjalani kehidupan Kristen. Tanpa iman Anda tidak akan dapat menerima keselamatan maupun memuliakan Allah. Selain itu, tanpa jenis iman yang dapat memuliakan Allah, Anda tidak dapat masuk ke Yerusalem Baru.

Oleh karena itu, Kota Yerusalem Baru dibangun dengan iman, dan permata yang dapat mengungkapkan warna dari iman ini adalah yaspis. Itulah kenapa dinding Yerusalem Baru dibuat dari yaspis.

Apabila Alkitab mengatakan kepada kita, "Dinding Yerusalem Baru dibuat dengan iman", apakah orang-orang akan mampu memahami ungkapan tersebut? Tentu saja, ungkapan tersebut tidak dapat dipahami dengan pemikiran manusia dan akan menjadi sangat sulit bagi orang-orang untuk berusaha membayangkan bagaimana keindahan Yerusalem Baru.

Dindingnya dibuat dari yaspis yang bersinar cemerlang dengan cahaya kemuliaan Allah dan dihiasi dengan banyak pola dan desain.

Kota Yerusalem Baru adalah mahakarya Allah Pencipta dan merupakan tempat istirahat kekal untuk buah terbaik dari 6.000 tahun pemeliharaan manusia. Akan betapa megah, indah, dan cemerlangnya Kota tersebut?

Kita harus menyadari bahwa Yerusalem Baru dibuat dengan teknologi dan peralatan terbaik yang mekanismenya tidaka dapat kita bayangkan.

Meskipun dindingnya transparan, bagian dalamnya tidak terlihat dari luar. Tapi, hal ini tidak berarti bahwa orang-orang di dalam Kota akan merasa terkurung di dalam dinding kota. Penduduk Yerusalem Baru dapat melihat keluar Kota dari dalam seakan-akan tidak ada dinding yang menghalangi. Betapa menakjubkannya!

Dibuat dari Emas Murni Seperti Kaca Bening

Bagian terakhir dari Wahyu 21:18 mengatakan, *"Kota itu sendiri dari emas tulen, bagaikan kaca murni"*. Mari sekarang kita lihat karakteristik dari emas untuk membantu kita membayangkan Yerusalem Baru dan menangkap keindahannya.

Emas murni memiliki nilai yang tidak pernah berubah

Emas tidak teroksidasi baik di udara maupun di air. Emas tidak berubah seiring berlalunya waktu dan tidak ada reaksi kimia dengan zat lain. Allah selalu tetap sama, cemerlang dengan sangat indah. Emas di dunia ini sangat lunak, sehingga kita membuat logam campurannya; di surga, emas tidak terlalu lunak. Juga, emas dan permata lainnya di surga memancarkan warna berbeda dan memiliki kepadatan yang berbeda dibanding dengan yang kita temukan di dunia, karena benda-benda tersebut menerima cahaya kemuliaan Allah.

Bahkan di dunia ini, keanggunan dan nilai permata berbeda sesuai dengan keterampilan dan teknik pembuatnya. Akan betapa berharga dan indahnya permata di Yerusalem Baru karena dibuat dan diberi sentuhan oleh Allah sendiri?

Tidak ada keserakahan atau nafsu untuk mengambil benda-benda indah di surga. Di dunia orang-orang cenderung untuk mencintai permata dengan tujuan kemewahan dan popularitas hampa, tapi di surga mereka mencintai permata secara rohani karena mereka mengetahui arti rohani dari masing-masing permata yang melambangkan kasih Allah yang mempersiapkan dan menghiasi surga dengan permata-permata yang indah.

Allah membuat Yerusalem Baru dengan emas murni

Jadi, kenapa Allah membuat Kota Yerusalem Baru dengan emas murni yang sebening kaca? Seperti telah dijelaskan sebelumnya, emas murni melambangkan iman, berharap dilahirkan dengan iman, kekayaan, kehormatan, dan otoritas. "Berharap dilahirkan dengan iman" berarti Anda dapat menerima keselamatan, harapan akan Yerusalem Baru, menyingkirkan dosa-dosa Anda, berusaha untuk menyucikan diri Anda sendiri, dan melihat kedepan untuk memperoleh upah dengan harapan karena Anda memiliki iman.

Oleh karena itu, Allah telah membuat Kota dengan emas murni sehingga mereka yang masuk ke dalamnya dengan harapan akan selamanya diisi dengan kegembiraan dan kebahagiaan.

Wahyu 21:18 mengatakan kepada kita bahwa Yerusalem Baru "sebening kaca". Hal ini untuk mengungkapkan betapa bening dan bagusnya pemandangan Yerusalem Baru. Emas di surga bening dan murni seperti kaca tidak seperti emas buram yang ada di dunia.

Yerusalem Baru jernih dan indah tanpa cela apapun karena dibuat dari emas murni. Itulah kenapa Rasul Yohanes mengungkapkan Kota tersebut seperti "emas murni, sebening kaca".

Bayangkanlah Kota Yerusalem Baru dibuat dari emas murni dan begitu banyak permata indah dengan banyak warna.

Setelah menerima Tuhan, saya menganggap emas atau permata seperti batu biasa dan tidak pernah berkeinginan untuk memilikinya. Saya dipenuhi harapan akan surga, dan saya tidak mencintai hal-hal duniawi. Tapi, apabila saya berdoa untuk mempelajari tentang surga, Tuhan berkata kepada saya, "Di surga, segalanya dibuat dari permata dan emas yang indah; kamu harus mencintai benda-benda ini". Ia tidak bermaksud bahwa saya harus mulai mengumpulkan emas dan permata. Malah, saya harus menyadari pemeliharaan Allah dan arti rohani dari permata dan mengasihi benda-benda tersebut dengan cara yang diperlihatkan Allah.

Saya mendorong Anda untuk secara rohani mencintai emas dan permata. Saat Anda melihat emas Anda dapat berpikir, "Aku harus memiliki iman seperti emas murni". Saat Anda melihat berbagai permata, Anda dapat berharap akan surga dengan mengatakan, "Akan betapa indahnya rumah saya di surga nanti?"

Saya berdoa dalam nama Tuhan Yesus Kristus bahwa Anda dapat memiliki rumah surgawi yang dibuat dari emas dan permata menakjubkan yang tidak pernah berubah dengan berusaha memperoleh iman seperti emas murni dan berlari menuju surga.

Bab 5

Arti
Dua Belas Pondasi

"Dan dasar-dasar tembok kota
itu dihiasi dengan segala jenis permata.
Dasar yang pertama batu yaspis,
dasar yang kedua batu nilam, dasar yang ketiga batu mirah,
dasar yang keempat batu zamrud,
dasar yang kelima batu unam,
dasar yang keenam batu sardis,
dasar yang ketujuh batu ratna cempaka,
yang kedelapan batu beril, yang kesembilan batu krisolit,
yang kesepuluh batu krisopras,
yang kesebelas batu lazuardi
dan yang kedua belas batu kecubung."

- Wahyu 21:19-20

Rasul Yohanes menulis tentang dua belas dasar ini dengan detil. Mengapa Yohanes membuat suatu laporan yang menyeluruh tentang Yerusalem Baru? Allah ingin anak-anak-Nya memiliki hidup kekal dan iman yang benar dengan mengetahui tentang makna spiritual dari dua belas dasar Yerusalem Baru.

Mengapa, kemudian, Tuhan membuat dua belas dasar dengan dua belas batu berharga? Kombinasi dari dua belas batu berharga mewakili hati Yesus Kristus dan Allah, puncak dari kasih. Jadi, jika Anda memahami makna spiritual dari masing-masing kedua belas batu berharga tersebut, Anda dapat dengan mudah menentukan seberapa banyak hati Anda menyerupai Yesus Kristus, dan seberapakah Anda memenuhi syarat untuk masuk Yerusalem Baru.

Mari kita memeriksa kedua belas batu berharga dan arti rohani batu-batu tersebut.

Yaspis: Iman rohani

Yaspis, dasar pertama dari tembok Yerusalem Baru, dasar dari iman rohani. Iman secara umum dapat dibagi menjadi "iman rohani" dan iman kedagingan, dimana iman kedagingan adalah iman yang hanya diisi dengan pengetahuan, Iman rohani adalah iman yang disertai dengan perbuatan yang berasal dari kedalaman hati seseorang. Yang Allah inginkan bukanlah iman kedagingan melainkan iman rohani. Jika Anda tidak memiliki iman rohani, "iman" Anda tidak akan disertai dengan perbuatan, dan Anda tidak dapat menyenangkan Allah dan tidak memasuki Yerusalem Baru.

Iman rohani adalah dasar dari kehidupan kekristenan

"Iman rohani" di sini mengacu pada jenis iman yang mana dapat percaya semua Firman Allah dalam lubuk hatinya. Jika Anda memiliki iman semacam ini diikuti dengan perbuatan, Anda akan mencoba untuk kudus dan berlari menuju Yerusalem Baru. Iman rohani merupakan elemen paling penting dalam menjalani kehidupan Kekristenan. Tanpa iman, Anda tidak bisa diselamatkan, menerima jawaban at as doa-doa Anda, atau memiliki harapan akan surga.

Ibrani 11:6 mengingatkan kita *"Tetapi tanpa iman tidak mungkin orang berkenan kepada Allah. Sebab barangsiapa berpaling kepada Allah, ia harus percaya bahwa Allah ada, dan bahwa Allah memberi upah kepada orang yang sungguh-sungguh mencari Dia."* Jika Anda memiliki iman sejati, Anda akan percara kepada Allah yang memberimu upah, sehingga Anda dapat percaya, berjuang melawan dosa dan membuangnya serta berjalan di jalan yang sempit. Dan Anda akan dapat sungguh-sungguh berbuat baik dan memasuki Yerusalem Baru mengikuti Roh Kudus.

Dengan demikian, iman adalah dasar dari kehidupan Kristen. Sama seperti bangunan tidak dapat aman tanpa dasar yang kuat, Anda tidak dapat menjalani kehidupan Kristen yang tepat tanpa iman yang teguh. Inilah mengapa Yudas 1:20-21 mendorong kita, *"Peliharalah dirimu demikian dalam kasih Allah sambil menantikan rahmat Tuhan kita, Yesus Kristus, untuk hidup yang kekal. Peliharalah dirimu demikian dalam kasih Allah sambil menantikan rahmat Tuhan kita, Yesus Kristus, untuk hidup yang kekal."*

Abraham, Bapa orang Beriman

Tokoh Alkitab terbaik yang menggambarkan iman kepada Firman Allah yang tak berubah-ubah dan menunjukkan perbuatan ketaatan sepenuhnya adalah Abraham. Dia disebut 'Bapa Iman' karena dia menunjukkan perbuatan sempurna iman yang tak berubah-ubah.

Dia menerima firman atas berkat yang besar dari Allah ketika ia berumur 75 tahun. Ini adalah janji bahwa Allah akan membuat bangsa yang besar melalui Abraham dan Abraham akan menjadi sumber berkat. Dia percaya firman ini dan meninggalkan kota kelahirannya, tetapi ia tidak bisa memiliki anak yang akan menjadi pewaris selama lebih dari 20 tahun.

Begitu banyak waktu telah berlalu hingga Abraham dan istrinya Sara menjadi terlalu tua untuk memiliki anak. Bahkan dalam situasi seperti ini, Roma 4:19-20 berkata, *"Imannya tidak menjadi lemah dalam ketidakpercayaan"*. Ia diperkuat dalam imannya dan ia percaya akan janji Allah secara sempurna; sehingga ia mendapatkan anaknya Ishak di umurnya yang ke-100 tahun.

Tapi ada satu lagi kesempatan di mana iman Abraham menunjukkan sinar yang bahkan lebih terang. Ketika Allah memerintahkan Abraham untuk memberikan anak satu-satunya, Ishak, sebagai korban persembahan. Abraham tidak meragukan Firman Allah yang berkata bahwa Allah akan memberikan kepadanya keturunan yang tak terhingga banyaknya melalui Ishak. Karena ia memiliki iman yang teguh dalam Firman Allah, ia berpikir Allah akan membangkitkan Ishak, meskipun jika ia mempersembahkannya sebagai korban bakaran.

Itulah mengapa ia segera menaati Firman Allah. Melalui ini, Abraham lebih dari memenuhi syarat untuk menjadi Bapa Iman. Melalui keturunan Abraham juga, Bangsa Israel terbentuk. Ini berarti buah dari imannya dilahirkan berlimpah dalam daging juga.

Karena ia mempercayai Allah dan Firmannya, ia mematuhinya seperti yang diperintahkan. Ini adalah contoh iman rohani.

Petrus menerima kunci kerajaan surga

Mari kita mempertimbangkan individu yang memiliki jenis iman rohani. Jenis iman apakah yang Rasul Petrus miliki, sehingga namanya tertulis pada salah satu pondasi Yerusalem Baru? Bahkan sebelum ia disebut sebagai seorang murid, kita tahu Petrus menaati Yesus, misalnya, ketika Yesus menyuruhnya untuk menebarkan jala untuk menangkap, ia langsung melakukannya (Lukas 5:3-6). Juga, ketika Yesus menyuruhnya untuk membawa keledai dan kuda, dia menaatinya dengan iman (Matius 21:1-7). Petrus taat ketika Yesus menyuruh dia pergi ke danau, menangkap ikan, dan mendapatkan koin dari itu (Matius 17:27). Lebih lagi, ia berjalan di atas air seperti Yesus, meskipun hanya untuk beberapa saat. Kita dapat berpikir bahwa Petrus memiliki iman yang sangat besar.

Akibatnya, Yesus menganggap iman Petrus benar dan memberinya kunci kerajaan surga sehingga apa pun yang ia ikat di bumi akan terikat di surga dan apa pun yang terlepas di bumi akan terlepas di surga (Matius 16:19). Petrus memperoleh iman yang lebih sempurna setelah ia menerima Roh Kudus, berani bersaksi tentang Yesus Kristus, dan mengabdikan dirinya untuk kerajaan Allah selama sisa hidupnya sampai ia menjadi martir.

Kita harus maju menuju surga dengan cara yang Petrus lakukan, memberikan kemuliaan kepada Tuhan, dan memiliki Yerusalem Baru dengan iman yang dapat menyenangkan-Nya.

Nilam: Kejujuran dan Integritas

Nilam, dasar kedua dari tembok Yerusalem Baru, berwarna biru tua transparan. Kemudian, apakah arti rohani nilam? Ini adalah kejujuran dan integritas dari kebenaran itu sendiri, yang berdiri tegas terhadap segala godaan atau ancaman dari dunia ini. Nilam adalah batu yang melambangkan cahaya kebenaran yang dapat terus lurus tanpa berubah dan "hati yang jujur" yang melakukan semua keinginan Allah dengan akurat.

Daniel dan ketiga temannya

Sebuah contoh yang baik dari kejujuran dan integritas rohani dalam Alkitab ditemukan dalam Daniel dan ketiga temannya-Sadrakh, Mesakh, dan Abednego. Daniel tidak berkompromi dengan apa pun yang tidak sesuai dengan kebenaran Allah, bahkan jika itu adalah perintah dari rajanya. Daniel memegang teguh kebenaran di hadapan Allah sampai ia dimasukkan ke dalam kandang singa. Allah sangat berkenan dengan integritas iman Daniel sehingga Ia melindungi Daniel dengan mengirimkan malaikat-malaikat untuk menutup mulut singa-singa, dan membuatnya lebih memuliakan Allah.

Daniel 3:16-18 berbunyi bahwa tiga teman Daniel juga berpegang teguh pada iman dengan hati yang tegak sampai mereka dilemparkan ke dalam tungku yang menyala-nyala. Agar tidak melakukan dosa menyembah berhala, mereka berani mengaku di hadapan raja sebagai berikut:

O Nebukadnezar, kami tidak perlu memberikan jawaban mengenai masalah ini. Jika demikian, Allah kami yang kami layani mampu untuk membebaskan kami dari tungku api yang menyala-nyala, dan Ia akan melepaskan kami dari tanganmu, ya raja. Tetapi bahkan jika Dia tidak melakukannya, biarlah Anda tahu, ya raja, bahwa kami tidak akan memuja dewa atau menyembah patung emas yang tuanku dirikan itu.

Pada akhirnya, meskipun mereka telah dimasukkan ke dalam tungku tujuh kali lebih panas dari biasanya, tiga teman Daniel tidak hangus walau sedikit pun karena Allah ada bersama mereka. Betapa menakjubkannya bahkan sehelai rambut di kepala mereka tidak hangus dan tidak ada bau api pada mereka! Raja yang menyaksikan semua ini memberikan kemuliaan bagi Allah, dan menaikkan jabatan ketiga teman Daniel.

Kita harus meminta dalam iman, tanpa keraguan sedikit pun

Yakobus 1:6-8 memberitahu kita betapa Allah membenci hati yang tidak jujur:

Tetapi ia harus meminta dengan iman tanpa keraguan apa pun, bagi orang yang meragukan ia seperti ombak laut, didorong dan dilemparkan oleh angin. Untuk orang seperti itu seharusnya tidak mengharapkan bahwa ia akan menerima sesuatu dari Tuhan, menjadi orang yang mendua hati, tidak stabil dalam segala jalannya.

Jika kita tidak memiliki hati yang jujur dan meragukan Allah bahkan sedikit saja, kita telah mendua hati. Mereka yang ragu rentan untuk mudah terguncang oleh godaan dunia ini karena mereka lalai dan licik. Selain itu, mereka yang "mendua hati" tidak dapat melihat kemuliaan Allah karena mereka tidak mampu menunjukkan iman atau ketaatan mereka. Inilah mengapa kita diingatkan *"bahwa manusia tidak seharusnya berharap bahwa ia akan menerima segalanya dari Tuhan."*

Segera setelah pendirian gereja saya, tiga anak saya hampir meninggal karena keracunan karbon monoksida. Namun, saya sama sekali tidak khawatir dan tidak punya pikiran membawa mereka ke rumah sakit karena saya benar-benar percaya kepada Allah yang Mahakuasa. Saya hanya pergi ke tempat kudus dan berlutut untuk berdoa dalam pengucapan syukur. Setelah itu, saya berdoa dalam iman, "Saya perintahkan di dalam nama Yesus Kristus! Gas beracun, keluar!" Lalu anak-anak saya yang tidak sadar, bangkit tiba-tiba satu persatu ketika saya berdoa untuk masing-masing. Sejumlah anggota gereja yang menyaksikan ini begitu kagum dan bersukacita, dan sangat memuliakan Allah.

Jika kita memiliki iman yang tidak pernah kompromi dengan dunia dan hati lurus yang menyenangkan Allah, kita dapat memuliakan Dia tak terhingga dan menjalani hidup yang diberkati dalam Kristus.

Batu Mirah: Kepolosan dan Kasih yang Berkorban

Mirah, dasar ketiga dari tembok Yerusalem Baru, secara rohani melambangkan kepolosan dan kasih yang berkorban. kepolosan adalah keadaan yang bersih dan belum kotor dalam tindakan dan hati yang tidak memiliki kesalahan. Ketika seseorang mampu mengorbankan dirinya dengan kemurnian hati, ini adalah hati dari roh yang terkandung dalam mirah.

Kasih yang berkorban adalah jenis kasih yang tidak pernah meminta imbalan apa pun jika itu untuk kebenaran dan kerajaan Allah. Jika seseorang memiliki Kasih yang berkorban, dia akan puas hanya dengan fakta bahwa ia mencintai orang lain dalam setiap situasi dan tidak mencari imbalan apa pun. Hal ini karena kasih rohani tidak mencari keuntungan sendiri tetapi hanya kebaikan orang lain.

Dengan kasih daging, bagaimanapun, orang akan merasa kosong, sedih, dan patah hati jika ia tidak dikasihi oleh orang lain karena jenis kasih ini pada dasarnya egois. Oleh karena itu, dengan kasih daging tanpa hati yang rela berkorban dapat dengan cepat membenci orang lain atau menjadi musuh dengan orang-orang dengan siapa ia seharusnya dekat.

Oleh karena itu, kita menyadari bahwa kasih sejati adalah kasih Tuham yang mengasihi semua manusia dan menjadi korban tebusan.

Kasih yang berkorban yang tidak mencari apa pun sebagai imbalan

Tuhan kita Yesus, yang adalah Allah, menjadikan diri-Nya menjadi bukan apa-apa, dan menurunkan diri-Nya serta datang ke dunia dalam daging untuk menyelamatkan seluruh umat manusia. Ia lahir di kandang dan dibaringkan di sebuah palungan untuk menyelamatkan orang-orang seperti binatang, dan menjalani kehidupan miskin di sepanjang hidup-Nya untuk menyelamatkan kita dari kemiskinan. Yesus menyembuhkan yang sakit, menguatkan yang lemah, memberikan harapan untuk yang tak berpengharapan, dan menjadi sahabat bagi yang diabaikan. Dia menunjukkan kepada kita hanya kebaikan dan kasih tapi untuk itu Ia diolok-olok, dicambuk, dan akhirnya disalibkan, mengenakan mahkota duri di kepala-Nya, oleh orang-orang jahat yang tidak menyadari Dia telah datang sebagai Juruselamat kita.

Yesus, bahkan ketika Dia menderita rasa sakit penyaliban, berdoa kepada Allah Bapa dalam kasih bagi mereka yang mengejek dan menyalibkan Dia. Ia kudus dan tanpa cela, tetapi mengorbankan diri-Nya bagi umat manusia yang berdosa. Tuhan kita memberikan kasih pengorbanan untuk seluruh umat manusia dan ingin semua orang saling mengasihi. Jadi, kita, yang telah menerima jenis kasih dari Tuhan, tidak boleh menginginkan atau mengharapkan imbalan apa pun jika kita benar-benar mangasihi orang lain.

Rut yang menunjukkan kasih yang berkorban

Rut bukanlah orang Israel, melainkan seorang perempuan Moab. Ia menikahi anak Naomi, yang datang ke tanah Moab untuk melepaskan diri dari kelaparan di Israel. Naomi memiliki dua orang anak lak-laki, keduanya menikah dengan perempuan-perempuan Moab. Tetapi kedua anak laki-lakinya tersebut meninggal di sana.

Dalam kondisi ini, ketika Naomi mendengar bahwa kelaparan di Israel telah berakhir, ia ingin kembali ke Israel. Naomi menyarankan kedua menantunya untuk tinggal di Moab, di tanah air mereka. Salah satu dari mereka menolak pada awalnya, tapi akhirnya kembali ke orangtuanya. Tetapi Rut bersikeras bahwa ia akan mengikuti ibu mertuanya.

Jika Rut tidak memiliki kasih yang berkorban, ia tidak dapat melakukannya. Rut harus mendukung ibu meruanya karena ia telah sangat tua. Selanjutnya, ia pergi untuk hidup di tanah yang sepenuhnya asing baginya. Tidak ada upah untuknya, meskipun ia melayani ibu mertuanya dengan sangat baik.

Rut memperlihatkan kasih yang berkorban kepada ibu mertuanya yang tidak memiliki hubungan darah dan sudah seperti orang asing. Karena Rut juga percaya kepada Allah yang ibu mertuanya percayai. Itu berarti kasih berkorban Rut tidak hanya datang dari rasa kewajibannya. Itu merupakan kasih yang berkorban yang keluar dari iman kepada Allah.

Rut datang ke Israel dengan ibu mertuanya dan bekerja sangat keras. Pada siang hari ia berkumpul di ladang untuk mendapatkan makanan dan melayani ibu mertuanya dengan makanan itu. Perbuatan tulus dari kebaikannya kemudian menjadi diketahui luas di kalangan orang-orang di sana. Akhirnya, Rut menerima banyak berkat melalui Boas, yang merupakan penebus dari antara kerabat ibu mertuanya.

Banyak orang berpikir bahwa, jika mereka rendah hati dan mengorbankan diri mereka, nilai mereka akan diturunkan juga. Itulah mengapa mereka tidak dapat berkorban atau merendahkan hati mereka. Tetapi siapa yang mengorbankan dirinya sendiri tanpa motivasi egois dengan hati yang murni akan dinyatakan dihadapan Allah dan orang-orang. Kebaikan dan kasih akan bersinar bagi orang lain sebagai terang rohani. Allah mengibaratkan cahaya kasih yang berkorban dengan terang batu mirah, batu fondasi ketiga.

Batu Zamrud: Kebenaran dan Kebersihan

Zamrud, dasar keempat dari tembok Yerusalem Baru, berwarna hijau dan melambangkan keindahan dan hijau lembut akan alam. Zamrud secara rohani melambangkan kebenaran dan kebersihan dan berdiri untuk buah terang seperti yang tercatat dalam Efesus 5;9 yang berbunyi, *"Karena terang hanya berbuahkan kebaikan dan keadilan dan kebenaran."* Warna yang memiliki 'semua kebaikan dan keadilan dan kebenaran' adalah sama dengan terang rohani dari zamrud. Hanya ketika kita memiliki semua kesalehan, kebaikan, dan kebenaran kita bisa memiliki kebenaran sejati di hadapan Allah.

Hal ini tidak dapat hanya kebaikan tanpa kesalehan atau hanya kesalehan tanpa kebaikan. Dan bahwa kebaikan dan kesalehan haruslah benar. Kebenaran adalah sesuatu yang tidak pernah berubah. Oleh karena itu, bahkan jika kita memiliki kebaikan, dan kesalehan, itu tidak ada artinya tanpa kebenaran.

Allah "kebenaran" mengaku membuang semua dosa, sepenuhnya menjaga perintah yang ditemukan dalam Alkitab, membersihkan diri dari segala macam hal yang tidak benar, setia dengan semua hidunya, dan sejenisnya. Juga, mencari kerajaan Allah dan kebenaran melakukan kehendak Allah, tindakan lurus dan disiplin, tidak pergi dari keadilan, berdiri teguh untuk berada dalam kebenaran, dan menyerahkan semua pada "kebenaran" yang diakui oleh Allah.

Tidak peduli seberapa lemah lembut dan baiknya diri kita, kita tidak akan menghasilkan buah dari terang kecuali kita benar. Misalkan seseorang mencekik ayah Anda di tenggorokan dan menghinanya meskipun ia tidak bersalah. Jika Anda tetap tenang dan menonton saja ayah Anda menderita, kita tidak dapat menyebutnya kebenaran sejati, Anda tidak bisa dikatakan melakukan tugas anda sebagai anak di hadapan ayah Anda.

Oleh karena itu, kebaikan tanpa kebenaran bukan "kebaikan" rohani dalam pandangan Allah. Bagaimana pikiran yang licik dan ragu-ragu menjadi baik? Sebaliknya, tidak dapat kebenaran tanpa kebaikan menjadi "kebenaran" di hadapan Allah tetapi hanya di mata sendiri.

Kebenaran dan kebersihan Daud

Daud adalah raja kedua Israel setelah Saul. Ketika Saul menjadi raja, Israel berperang melawan Filistin. Daud menyenangkan Allah dengan imannya dan mengalahkan Goliat. Melalui ini, Israel memenangkan perang.

Dan ketika orang-orang mengasihi Daud karena hal ini, Saul mencoba membunh Daud karena kecemburuannya. Saul telah mengabaikan Allah karena kesombongan dan ketidaktaatannya. Allah berjanji bahwa Ia akan membuat Daud menjadi raha menggantikan Saul.

Dalam situasi ini, Daud memperlakukan Saul dengan kebaikan, kebenaran, dan kejujuran. Karena ia tidak bersalah, Daud harus terus melarikan diri dari Saul yang mencoba membunuhnya dalam waktu yang lama. Suatu kali, Dau memiliki kesempatan yang sangat baik untuk membunuh Saul. Prajurit yang bersama Daud senang dan ingin membunuh Saul, tetapi Daud menghentikannya untuk membunuh Saul.

1 Samuel 24:6 berkata, *"lalu berkatalah ia kepada orang-orangnya: 'Dijauhkan Tuhanlah kiranya dari padaku untuk melakukan hal yang demikian kepada tuanku, kepada orang yang diurapi TUHAN, yakni menjamah dia, sebab dialah orang yang diurapi TUHAN.'"*

Meskipun Saul ditinggalkan oleh Allah, Daud tidak bisa menyakiti Saul, yang telah diurapi sebagai raja oleh Allah. Karena kewenangan untuk membiarkan Saul hidup atau mati ada pada Allah, Daud tidak melampaui kekuasaannya. Allah berkata bahwa hati Daud adalah kebenaran.

Kebenaran-Nya itu terungkap bersama dengan kebaikan

yang menyentuh. Saul mencoba membunuhnya, tetapi Daud mengampuni nyawa Saul. Ini merupakan kebaikan yang sangat besar. Ia tidak membalas kejahatan dengan kejahatan kembali, tetapi hanya membalasnya dengan perkataan dan perbuatan yang baik. Kebaikan dan kebenaran adalah kebenaran, dimana itu berarti itu keluar dari kebenaran itu sendiri.

Ketika Saul tahu bahwa Daud telah mengampuni nyawanya, ia tersentuh oleh kebaikan itu dan sepertinya hatinya berubah. Tetapi berikutnya ia mengubah pikirannya lagi, dan kembali mencoba membunuh Daud. Sekali lagi, Daud memiliki kesempatan untuk membunuh Saul, tetapi seperti sebelumnya ia membiarkan Saul hidup. Daud memperlihatkan kebaikan dan kebenaran yang tidak berubah yang dapat diakui oleh Allah.

Lalu, jika Daud telah membunuh Saul pada kesempatan pertama, apakah ia bisa menjadi raja lebih cepat tanpa melalui begitu banyak penderitaan? Tentu saja dia dapat. Bahkan jika kita harus melalui penderitaan dan kesulitan yang lebih dalam kenyataannya, kita harus memiliki hati untuk memilih kebenaran Allah. Dan jika kita sekali diakui oleh Allah untuk menjadi benar, tingkat jaminan Allah atas kita akan berbeda.

Daud tidak membunuh Saul dengan tangannya sendiri. Saul mati di tangan bangsa bukan Israel. Dan seperti yang telah ditentukan Allah, Daud menjadi raja Israel. Selanjutnya, setelah Daud menjadi raja, ia bisa membuat sebuah bangsa yang sangat kuat. Alasan paling mendasar adalah karena Allah sangat senang dengan keadilan dan hati murni Daud.

Dengan cara yang sama, kita harus harmonis dan sempurna dalam kebaikan, kebenaran, dan kesalehan sehingga kita dapat menghasilkan buah berlimpah buah terang dari zamrud, dasar keempat dan memberikan aroma kebenaran yang menyenangkan Allah.

Batu Unam: Kesetiaan Rohani

Batu Unam, dasar kelima tembok Yerusalem Baru, secara rohani melambangkan kesetiaan. Jika kita hanya melakukan apa yang kita lakukan, kita tidak bisa mengatakan kita setia. Kita dapat berkata kita setia ketika kita melakukan apa yang seharusnya kita lakukan. Untuk melakukan lebih dari apa yang telah diberikan kepada kita sebagai kewajiban kita kita tidak boleh malas. Kita harus rajin dan bekerja keras dalam segala hal dalam melakukan tugas kita dan kemudian kita harus melakukan lebih dari itu.

Misalkan Anda ada seorang pekerja. Kemudian, jika Anda hanya melakukan pekerjaan dengan baik, dapatkah kita berkata Anda setia? Anda hanya melakukan apa yang seharusnya Anda lakukan, sehingga kita tidak bisa mengatakan Anda adalah pekerja keras dan setia. Anda harus melakukan tidak hanya pekerjaan yang dipercayakan kepada Anda, tetapi juga mencoba untuk melakukan hal-hal yang mulanya tidak diberikan kepada Anda dengan segenap hati dan pikiran. Barulah kemudian yang seseorang dapat berkata bahwa Anda setia.

Jenis kesetiaan bekerja keras diakui oleh Allah adalah melakukan tugas Anda dengan segenap hati, pikiran, jiwa, dan kehidupan. Dan jenis setia inilah yang harus diaktualisasikan dalam semua bidang: gereja, tempat kerja, dan keluarga. Kemudian, kita berkata Anda setia dalam semua rumah Allah.

Menjadi benar secara rohani

Untuk memiliki kesetiaan rohani, kita pertama-tama harus memiliki hati yang benar. Kita harus berkeinginan untuk Kerajaan Allah menjadi diperbesar, bagi gereja untuk memiliki kebangunan rohani dan pertumbuhan, untuk tempat kerja untuk menjadi makmur, dan bagi keluarga kita untuk menjadi bahagia. Jika kita tidak hanya mencari kepentingan kita sendiri, tetapi keinginan untuk orang lain dan masyarakat menjadi makmur, ini adalah memiliki hati yang benar.

Untuk menjadi setia, bersama dengan memiliki hati yang benar ini, kita harus memiliki hati yang berkorban. Jika kita hanya berpikir, "Yang paling penting adalah kemakmuran saya, bukan apakah atau tidak gereja tumbuh dewasa," kita mungkin tidak akan berkorban untuk gereja. Kita tidak dapat menemukan kesetiaan dari orang seperti ini. Dan juga, Allah tidak dapat berkata jenis hati ini adalah hati yang benar.

Selain kebenaran ini, jika kita juga memiliki hati yang berkorban, kita akan bekerja dengan setia bagi keselamatan jiwa-jiwa dan gereja. Bahkan jika kita tidak mempunyai kewajiban yang khusus, kita akan memberitakan injil dengan rajin. Bahkan jika tidak ada seorang pun yang meminta kita untuk melakukanna, kita akan merawat jiwa-jiwa lainnnya. Kita juga akan mengorbankan waktu luang kita untuk menjaga jiwa-jiwa. Kita juga akan menghabiskan uang kita untuk keuntungan jiwa orang lain dan memberi mereka semua kasih dan kesetiaan kita.

Dan untuk kesetiaan ini untuk menjadi setia dalam rumah Allah, kita harus memiliki hati dengan kebaikan. Mereka yang baik dalam hati tidak akan condong hanya satu sisi atau yang lain. Jika kita telah mengabaikan titik tertentu, kita tidak akan nyaman jika kita memiliki kebaikan di dalam hati.

Jika Anda memiliki kebaikan di dalam hati, Anda akan setia dalam segala tugas yang Anda miliki. Anda tidak akan mengabaikan kelompok lain dengan berpikir, Anda bisa merasakannya dalam kebaikan Anda bahwa Anda tidak boleh mengabaikan yang lain "Karena aku pemimpin kelompok ini, anggota kelompok lain akan mengerti mengapa saya tidak bisa menghadiri pertemuan itu." Anda dapat merasakannya dengan kebaikan Anda bahwa Anda tidak boleh mengabaikan kelompok lain. Jadi, bahkan jika Anda tidak dapat hadir dalam pertemuan tersebut, Anda melakukan sesuatu dan menjaga untuk kelompok lain juga.

Besarnya sikap semacam ini akan berbeda sesuai dengan besarnya kebaikan yang Anda miliki. Jika Anda memiliki kebaikan sedikit, Anda tidak akan bahkan benar-benar sangat peduli tentang kelompok lain. Tapi jika Anda memiliki kebaikan yang lebih besar, Anda tidak akan hanya mengabaikannya ketika sesuatu menyebabkan ketidaknyamanan untuk hati Anda. Anda tahu tindakan jenis apa yang merupakan tindakan kebaikan, dan jika Anda tidak mencapai kebaikan itu, sulit bagi Anda untuk menanggungnya. Anda akan memiliki kedamaian hanya bila Anda lakukan menunjukkan perbuatan baik dalam tindakan kebaikan.

Mereka yang baik dalam hati akan segera memiliki beberapa ketidaknyamanan dalam hati jika mereka tidak melakukan apa yang seharusnya mereka lakukan dalam situasi apa pun yang diberikan, baik di tempat kerja atau rumah. Mereka bahkan tidak memberikan alasan bahwa situasi tidak mengizinkannya.

Misalnya, ada anggota wanita yang memiliki banyak jabatan

di gereja. Ia menghabiskan banyak waktu di gereja. Dan kemudian, dia menghabiskan sedikit waktu bersama suami dan anak-anak daripada sebelumnya.

Jika benar-benar dia sangat dan setia baik dalam semua rumah Allah, jumlah waktu telah berkurang, ia harus memberikan kepada suami dan Anak-anak lebih banyak kasih dan semakin peduli terhadap mereka. Ia harus melakukan yang terbaik dalam segala aspek dan dalam segala jenis pekerjaan.

Maka, orang-orag sekelilingnya akan mampu untuk merasakan aroma kebenaran dari hatinya dan dipuaskan. Karena mereka merasakan kasih kebenaran dan kebaikan, mereka akan mencoba mengerti dan menolongnya. Sebagai hasilnya, dia akan memiliki damai sejatera dengan semua orang. Ini adalah setia dalam segala rumah Allah dengan hati yang baik.

Seperti Musa yang beriman di semua rumah Allah

Musa adalah nabi yang diakui Allah sampai sedemikian rupa sehingga Allah berbicara kepadanya muka dengan muka. Musa melakukan semua tugas-tugasnya sepenuhnya untuk mencapai hal-hal yang telah diperintahkan Allah, tidak memberikan banyak pemikiran untuk kesulitannya sendiri. Bangsa Israel terus mengeluh dan tidak patuh ketika mereka menghadapi sedikit kesulitan bahkan setelah menyaksikan dan mengalami keajaiban dan tanda-tanda Allah, tetapi Musa terus memimpin mereka dalam iman dan kasih. Bahkan ketika Allah marah dengan orang-orang Israel karena dosa-dosa mereka, Musa tidak berpaling dari mereka. Ia kembali kepada TUHAN dan berkata sebagai berikut:

"Alas, orang ini telah melakukan dosa besar, dan

mereka membuat berhala dari emas untuk diri mereka sendiri. Tetapi sekarang, kiranya Engkau mengampuni dosa mereka itu--dan jika tidak, hapuskanlah kiranya namaku dari dalam kitab yang telah Kautulis."
(Keluaran 32:31-32)

Dia berpuasa bagi orang-orang, mempertaruhkan hidupnya sendiri, dan setia lebih dari yang Tuhan harapkan atasnya. Inilah mengapa Allah mengakui dan menjamin Musa, dikatakan *"Seorang yang setia dalam segenap rumah-Ku."* (Bilangan 12:7).

Selanjutnya, bahwa kesetiaan yang dilambangkan batu unam adalah setia setia sampai mati seperti yang tertulis dalam Wahyu 2:10. Itu hanya mungkin ketika kita mengasihi Allah terlebih dahulu. Memberikan semua waktu dan materi, dan bahkan hidup dan melakukan lebih dari apa yang kita berikan dengan seluruh hati dan pikiran kita.

Di zaman dulu, ada pengikut-pengikut setia yang membantu raja dan setia kepada bangsa mereka, bahkan sampai mengorbankan hidup mereka sendiri. Jika raja itu seorang tiran, hamba yang benar-benar setia akan menyarankan raja untuk mengikuti cara yang benar, bahkan jika ini dengan mudah bisa menghasilkan mengorbankan hidup mereka. Mereka bisa dibuang atau dihukum mati, tapi mereka setia karena mereka mencintai raja dan bangsa bahkan jika cinta tersebut mengambil nyawa mereka.

Kita harus mengasihi Tuhan pertama-tama untuk melakukan lebih dari apa yang diminta dari kita, cara mereka dari para pengikut setia menyerahkan hidup mereka bagi bangsa, dan cara Musa setia dalam segala rumah Allah untuk mencapai Kerajaan Allah dan kebenaran. Jadi, kita harus menguduskan diri kita dengan cepat dan tetap setia dalam semua aspek kehidupan kita sehingga kita akan memiliki kualifikasi untuk masuk Yerusalem Baru.

Batu Sardis: Kasih yang bergairah

Sardis itu transparan, berwarna merah tua, dan melambangkan matahari yang menyala. Ini adalah dasar keenam dari tembok Yerusalem Baru dan rohani melambangkan gairah, antusiasme, dan kasih yang penuh gairah dalam mencapai kerajaan Allah dan kebenaran. Ini adalah hati yang dengan setia melaksanakan tugas dan kewajiban yang diberikan dengan segala kekuatan kita.

Berbagai tingkatan kasih yang bergairah

Ada banyak tingkat kasih dan umumnya, dapat dibagi ke dalam kasih rohani dan kasih daging. Kasih rohani tidak pernah berubah karena diberikan oleh Allah, tetapi kasih daging dapat berubah dengan mudah karena itu adalah kasih yang egois.

Tak peduli seberapa benar kasih orang secara duniawi, tidak pernah bisa menjadi kasih rohani, yaitu kasih Tuhan yang hanya dapat diperoleh dalam kebenaran. Dan juga kita tidak dapat memiliki kasih rohani begitu kita masuk ke dalam ebenaran. Kita bisa mendapatkannya hanya setelah kita menyerupai hati Tuhan.

Apakah Anda memiliki kasih rohani ini? Anda dapat memeriksa diri Anda dengan definisi kasih rohani yang ditemukan di 1 Korintus 13:4-7.

Kasih itu sabar; kasih itu murah hati; ia tidak cemburu. Ia tidak memegahkan diri dan tidak sombong, tidak melakukan yang tidak sopan dan tidak mencari keuntungan diri sendiri. Ia tidak pemarah dan tidak menyimpan kesalahan orang lain, tidak bersukacita karena ketidakadilan, tetapi karena kebenaran, menutupi segala sesuatu, percaya segala sesuatu, mengharapkan segala sesuatu, sabar menanggung segala sesuatu.

Sebagai contoh, jika kita bersabar tapi egois, atau tidak mudah marah, tapi kasar, kita belum memiliki kasih rohani yang Paulus tulis, kita tidak boleh melewatkan satu hal tunggal untuk memiliki kasih rohani yang sejati.

Di satu sisi, jika Anda masih memiliki rasa kesepian atau kekosongan meskipun Anda berpikir Anda memiliki kasih rohani, ini adalah karena Anda ingin menerima sesuatu sebagai imbalan tanpa menyadarinya. Hati Anda belum dipenuhi dengan kebenaran akan kasih rohani secara lengkap.

Di sisi lain, jika Anda dipenuhi dengan kasih rohani, Anda tidak akan pernah merasa kesepian atau kosong, tapi selalu senang, bahagia, dan bersyukur. Kasih rohani bersukacita dalam memberi: semakin banyak Anda memberi, Anda akan semakin senang, bersyukur, dan bahagia .

Kasih rohani bersukacita dalam memberi

Roman 5:8 memberi tahu kita *"Akan tetapi Allah menunjukkan kasih-Nya kepada kita, oleh karena Kristus telah mati untuk kita, ketika kita masih berdosa."*

Allah mengasihi Yesus, satu-satunya Anak-Nya yang tunggal, begitu besar karena Yesus adalah kebenaran itu sendiri yang tepat menyerupai Allah itu sendiri. Namun, Dia masih mengaruniakan Anak-Nya yang tunggal sebagai korban penebusan. Betapa besar dan berharganya kasih Allah!

Allah mendemonstrasikan kasih-Nya kepada kita dengan mengorbankan Anak tunggal-Nya. Itulah mengapa tertulis dalam 1 Yohanes 4:16, *"Kita telah mengenal dan telah percaya akan kasih Allah kepada kita. Allah adalah kasih, dan barangsiapa tetap berada di dalam kasih, ia tetap berada di dalam Allah dan Allah di dalam dia."*

Untuk masuk ke dalam Yerusalem Baru, kita harus memiliki kasih Allah dimana kita dapat mengorbankan diri kita sendiri, dan bersukacita dalam memberi sehingga kita dapat menghasilkan bukti yang memberikan kesaksian bagi hidup kita dalam Allah.

Kasih bergairah rasul Paulus untuk jiwa-jiwa

Tokoh alkitab yang sangat memiliki kerinduan hati seperti sardis dalam mempersembahkan dirinya sendiri bagi kerajaan Allah adalah rasul Paulus. Sejak pertama kali ia bertemu Tuhan hingga ketika ia meninggal perbuatannya mengasihi Allah tidak pernah berubah. Sebagai rasul bagi orang-orang non Israel, ia menyelamatkan banyak jiwa dan mendirikan banyak gereja di tiga perjalanan misionari. Hingga ia menjadi martir di Roma, ia secara konstan menyatakan kesaksian akan Yesus Kristus.

Sebagai rasul bagi kaum non Israel, jalan Paulus sangat keras dan membahayakan. Ia memiliki banyak situasi yang mengancam jiwa dan mengalami penganiayaan dari orang Yahudi secara terus menerus. Ia dipukuli dan dipenjara, dan ia mengalami tiga kali kapal karam Dia sering tidak tidur, ia sering lapar dan haus, dan dia mengalami baik cuaca dingin maupun cuaca panas. Selama perjalanan misinya, selalu ada banyak situasi yang sulit bagi manusia untuk ditanggung.

Namun demikian, Paulus tidak pernah menyesali pilihannya. Dia tidak pernah punya pikiran sesaat seperti, "Ini sulit dan saya ingin beristirahat jika hanya untuk sementara ..." hati-nya tidak pernah tergoyahkan, dan ia tidak pernah takut apapun. Meskipun ia melalui begitu banyak masalah, perhatian utamanya adalah hanya untuk gereja dan orang-orang beriman.

Seperti yang ia nyatakan dalam 2 Korintus 11:28-29 *"dan, dengan tidak menyebut banyak hal lain lagi, urusanku sehari-hari, yaitu untuk memelihara semua jemaat-jemaat. Jika ada orang merasa lemah, tidakkah aku turut merasa lemah? Jika ada orang tersandung, tidakkah hatiku hancur oleh dukacita?"*

Sampai akhirnya dia menyerahkan bahkan hidupnya, Paulus menunjukkan gairah dan semangat saat ia berusaha untuk keselamatan jiwa-jiwa. Kita dapat melihat bagaimana bergairahnya kerinduannya untuk keselamatan jiwa-jiwa di Roma 9:3 yang tertulis, *"Bahkan, aku mau terkutuk dan terpisah dari Kristus demi saudara-saudaraku, kaum sebangsaku secara jasmani."*

Di sini, 'saudara-saudaraku' bukan hanya kerabat sedarahnya. Itu merujuk kepada semua bangsa Israel termasuk bangsa Yahudi yang telah menganiayanya. Ia berkata ia bahkan memilih untuk masuk neraka jika saja hal itu membuat mereka dapat menerima keselamatan. Kita dapat melihat betapa besar kasih bergairahnya bagi jiwa-jiwa dan betapa besar semangatnya untuk keselamatan mereka.

Kasih yang bergairah bagi Tuhan ini, semangat dan usaha bagi keselamatan jiwa-jiwa mewakili warna merah batu sardis.

Batu Ratna Cempaka: Anugerah

Batu Ratna Cempaka, dasar ketujuh dari tembok Yerusalem Baru, adalah batu transparan atau semi-transparan yang memberikan warna kuning hijau, biru, warna merah muda atau terkadang tampak benar-benar transparan.

Melambangkan apakah batu ratna cempaka secara rohani? Makna rohani dari anugerah adalah untuk memahami kebenaran dalam seseorang yang tidak dapat dipahami sama sekali dan untuk mengampuni dalam kebenaran orang yang tidak bisa diampuni sama sekali. Untuk mengerti dan mengampuni 'dalam kebenaran' adalah untuk mengerti dan mengampuni dengan kasih dalam kebaikan. Anugerah, dimana kita dapat merangkul yang lainnya dengan kasih, anugerah yang dilambangkan dengan ratna cempaka.

Siapa saja yang memiliki anugerah tidak memiliki prasangka apa pun. Mereka tidak berpikir, 'Saya tidak suka dia karena hal ini. Say tidak suka dia karena hal itu.' Mereka tidak membenci atau sebal kepada siapa pun. Tentu saja, mereka tidak memiliki permusuhan.

Mereka mencoba untuk melihat dan memikirkan segalanya dalam cara yang indah. Mereka hanya merangkul setiap orang. Sehingga, bahkan ketika mereka menghadapi orangn yang melakukan dosa, mereka hanya memperlihatkan belas kasihan. Mereka membenci dosa, tapi bukan pendosa. Mereka memahami orang itu, dan merangkulnya. Inilah anugerah.

Hati yang memiliki kemurahan hati dinyatakan melalui Yesus dan Stefanus

Yesus menunjukkan kemurahan hatinya kepada Yudas

Iskariot yang akan menjual-Nya. Yesus mengetahui sejak semula bahwa Yudas Iskariot akan mengkhianati Dia. Namun demikian, Yesus tidak mengeluarkannya atau menjaga jarak darinya. Dia tidak menjadi tidak menyukai atau membenci dia bahkan dalam hati-Nya pun tidak. Yesus mengasihi dia sampai akhir dan Dia memberi kesempatan kepada Yudas untuk berbalik. Hati ini adalah hati yang penuh kemurahan hati.

Meskipun ketika Yesus dipaku di kayu salib, Dia tidak mengeluh atau membenci siapa pun. Dia memilih berdoa dalam doa syafaat bagi mereka yang menyakiti dan melukai diri-Nya, sebagaimana ditulis dalam Lukas 23:34, yang dibaca, *"Ya Bapa, ampunilah mereka, sebab mereka tidak tahu apa yang mereka perbuat."*

Stefanus juga memiliki kemurahan hati ini. Meskipun Stefanus bukanlah seorang rasul, dia penuh dengan kasih karunia dan kuasa. Dan orang-orang jahat akhirnya melemparinya hingga mati. Tetapi meskipun saat dia dilempari batu, dia malah mendoakan orang-orang yang sedang membunuhnya. Seperti tercatat dalam Kisah Para Rasul 7:60, *"Sambil berlutut ia berseru dengan suara nyaring, 'Tuhan, janganlah tanggungkan dosa ini kepada mereka!' Dan dengan perkataan itu meninggallah ia."*

Kenyataan bahwa Stefanus berdoa bagi mereka yang membunuhnya membuktikan bahwa dia telah mengampuni mereka. Ia tidak memiliki kebencian apa pun terhadap mereka. Ini menunjukkan kepada kita bahwa dia memiliki buah belas kasihan untuk memiliki kemurahan hati kepada orang-orang itu.

Jika ada seseorang yang Anda benci atau Anda tidak suka di antara anggota keluarga Anda atau saudara seiman atau rekan kerja, atau ada seseorang yang Anda pikir, 'Aku tidak suka sikapnya. Dia selalu menentang saya, dan saya tidak menyukainya,' atau jika Anda sekedar tidak suka dan menjauh dari seseorang karena berbagai alasan, seberapa jauhkah itu dari 'belas kasihan'?

Kita sebaiknya tidak memiliki seseorang yang kita tidak suka atau benci. Kita sebiaknya bisa mengerti, menerima, dan menunjukkan kebaikan kepada semua orang. Allah Bapa menunjukkan pada kita keindahan kemurahan hati dengan permata krisolit.

Hati penuh kemurahan hati yang mencakup semua hal

Jadi, apa perbedaan antara kasih dengan kemurahan hati?

Kasih rohani adalah mengorbankan diri kita sendiri tanpa mencari keuntungan pribadi, dan tidak mengharapkan balasan apapun, sementara kemurahan hati lebih menitikberatkan pada memaafkan dan toleransi. Dengan kata lain, kemurahan hati adalah hati yang memahami dan tidak membenci orang-orang yang tidak dapat dipahami atau dikasihi. Kemurahan hati tidak membenci atau mencaci maki siapapun tapi menguatkan dan memberi kenyamanan pada orang lain. Apabila Anda memiliki hati yang hangat seperti ini, Anda tidak akan memperlihatkan kesalahan orang lain tapi malah merangkul mereka sehingga Anda dapat memiliki hubungan yang baik dengan mereka.

Jadi, bagaimana kita harus berlaku pada orang jahat? Kita harus ingat bahwa kita semua adalah jahat, tapi kita datang ke Allah karena seseorang telah membimbing kita menuju kebenaran dalam kasih dan pengampunan.

Juga, apabila kita berhubungan dengan pembohong, kita seringkali lupa bahwa kita dulu mengejar keuntungan pribadi sebelum kita percaya dalam Allah. Bukannya menghindari orang-

orang tersebut, kita malah harus memperlihatkan kemurahan hati kita sehingga mereka dapat kembali dari jalan sesat mereka. Hanya apabila kita memahami dan membimbing mereka dengan toleransi dan kasih, barulah mereka dapat berubah menjadi benar sampai mereka menyadari kebenaran. Dengan demikian, kemurahan hati adalah memperlakukan setiap orang dengan sama tanpa ada praduga, tidak menyakiti sipapun, dan berusaha memahami segala hal dengan cara yang baik meskipun Anda tidak menyukainya.

Batu Beril: Kesabaran

Batu beril, yang merupakan pondasi kedelapan dari dinding Yerusalem Baru, memiliki warna hijau tua yang mengingatkan kita pada lautan biru. Apa yang dilambangkan oleh batu beril secara rohani? Batu beril melambangkan kesabaran dalam segala hal dalam menyempurnakan kerajaan Allah dan kebenaran-Nya. Beril melambangkan ketekunan dalam kasih, bahkan apabila seseorang menghujat, mengutuk dan membenci, Anda tidak membenci, mengutuk atau berkelahi balik dengan mereka.

Yakobus 5:10 mendorong kita seperti berikut ini: *"Saudara-saudara, turutilah teladan penderitaan dan kesabaran para nabi yang telah berbicara demi nama Tuhan"*. Kita dapat mengubah orang lain apabila kita bersabar dengan mereka.

Kesabaran sebagai buah Roh Kudus dan kasih rohani

Kita dapat membaca tentang kesabaran sebagai salah satu dari sembilan buah Roh kudus dalam Galatia 5, dan sebagai buah kasih dalam 1 Korintus 13. Apakah ada perbedaan antara kesabaran sebagai buah Roh Kudus dan kesabaran sebagai buah kasih?

Di satu sisi, kesabaran dalam kasih merujuk pada kesabaran yang diperlukan dalam menghadapi berbagai jenis kesulitan pribadi, seperti bersabar dengan mereka yang menghina Anda atau dalam menghadapi berbagai kesulitan yang ada dalam hidup Anda. Di sisi lain, kesabaran sebagai buah dari Roh Kudus merujuk pada kesabaran dalam kebenaran dan kesabaran terhadap Allah dalam *segala hal.*

Oleh karena itu, kesabaran sebagai buah Roh Kudus memiliki arti yang lebih luas, termasuk kesabaran dalam persoalan pribadi dan persoalan yang berhubungan dengan kerajaan Allah dan kebenaran-Nya.

Perbedaan jenis kesabaran dalam kebenaran

Kesabaran untuk mendapatkan kerajaan dan kebenaran Allah dapat dikategorikan menjadi tiga jenis.

Pertama, ada kesabaran antara Allah dan kita. Kita herus bersabar hingga janji Allah digenapi. Allah Bapa setia; ketika Dia telah mengucapkan sesuatu, Dia pasti melakukannya tanpa membalikkannya kembali. Oleh karena itu, jika kita telah menerima janji dari Allah, kita harus bersabar hingga itu digenapi.

Juga, jika kita telah meminta sesuatu kepada Allah, kita harus bersabar hingga jawabannya datang. Beberapa orang percaya berkata seperti berikut ini, "Saya berdoa sepanjang malam dan bahkan berpuasa, dan masih belum ada jawaban." Ini sama seperti seorang petani yang menabur benih dan kemudian menggali tanahnya kembali karena tidak langsung berbuah.

Jika kita telah menabur benih, kita harus bersabar hingga dia bertunas, bertumbuh, mekar dengan bunga dan kemudian menghasilkan buah.

Seorang petani mencabut rumput dan melindungi tanamannya dari serangga yang membahayakan. Dia bekerja keras sampai berkeringat banyak untuk menghasilkan buah yang baik. Dalam cara yang sama, untuk menerima jawaban pada apa yang telah kita doakan, kita memiliki hal-hal yang harus dilakukan. Kita harus memenuhi ukuran yang tepat sesuai dengan ukuran ketujuh Roh-iman, sukacita, doa, ucapan syukur, kesetiaan yang bekerja keras, memelihara perintah Allah, dan kasih.

Allah menjawab kita dengan segera hanya jika kita memenuhi jumlah yang diperlukan sesuai dengan ukuran untuk iman kita. Kita harus mengerti bahwa waktu bersabar dengan Allah adalah waktu untuk mendapatkan jawaban yang lebih sempurna, dan memungkinkan kita bersukacita dan mengucap syukur lebih lagi.

Yang kedua, ada kesabaran di antara manusia. Kesabaran kasih rohani merupakan bagian dari kesabaran jenis ini. Untuk mengasihi seseorang dalam semua jenis hubungan manusia, kita memerlukan kesabaran.

Kita perlu kesabaran untuk percaya kepada setiap jenis orang, tahan bergaul dengannnya, dan berharap bahwa dia akan sejahtera. Meskipun jika dia melakukan sesuatu yang berlawanan dengan apa yang kita harapkan, kita harus bersabar dalam segala hal. Kita harus mengerti, dengan cara menerima, mengampuni, melupakan, dan menjadi sabar.

Mereka yang mencoba untuk menginjili banyak orang biasanya memiliki beberapa pengalaman dihina dan dianiaya. Tetapi jika mereka sabar dalam hati, mereka mengunjungi jiwa-

jiwa itu kembali dengan senyum di wajah mereka. Dengan kasih untuk menyelamatkan jiwa-jiwa tersebut, mereka bersukacita dan mengucap syukur, dan tidak pernah menyerah. Ketika mereka menunjukkan kesabaran yang seperti ini dengan kebaikan dan kasih untuk seseorang yang sedang diinjili, kegelapan akan menghilang darinya karena terang kasih itu dan orang tersebut dapat membuka hatinya, menerima injil, dan mendapatkan keselamatan.

Ketiga, yaitu kesabaran untuk mengubah hati.

Untuk mengubah hati kita adalah untuk mengeluarkan ketidakbenaran dan kejahatan dari hati kita dan menanamkan kebenaran dan kebaikan sebagai gantinya. Untuk mengubah hati kita adalah sama dengan membersihkan sebuah ladang. Kita harus menghilangkan batu-batu dan mencabut rumput. Terkadang, kita harus membajak tanah tersebut. Kemudian, tanah tersebut akan menjadi tanah yang baik, dan apapun yang kita taburkan, itu akan tumbuh dan menghasilkan buah.

Begitu juga dengan hati manusia. Hingga akhirnya kita menemukan kejahatan dalam hati kita dan membuangnya, kita dapat memiliki ladang hati yang baik. Kemudian, ketika firman Allah ditaburkan, dia dapat bertunas, bertumbuh baik, dan menghasilkan buah. Dan sama seperti kita harus berkeringat dan bekerja keras untuk membersihkan tanah kita, kita harus melakukan hal yang sama saat kita mengubah hati kita. Kita harus bersungguh-sungguh dalam doa dengan segenap kekuatan kita dengan dengan segenap hati kita. Maka kita dapat menerima kuasa Roh Kudus untuk membajak hati kedagingan kita yang seperti tanah gersang.

Proses ini tidaklah segampang seperti yang seseorang kira. Itulah mengapa beberapa orang bisa merasa terbeban, kecewa, atau bahkan jatuh dalam keputusasaan. Oleh karena itu, kita perlu kesabaran. Meskipun tampaknya bahwa kita berubah sangat lambat, kita sebaiknya tidak pernah menjadi kecewa atau menyerah.

Kita harus mengingat kasih Tuhan yang telah mati di kayu salib untuk kita, menerima kekuatan baru, dan terus menyuburkan ladang hati kita. Juga, kita harus memandang kepada kasih dan berkat Allah bahwa Dia akan memberikannya kepada kita ketika kita telah selesai menyuburkan hati kita. Kita sebaiknya juga terus bekerja dengan ucapan syukur yang lebih besar.

Apabila kita tidak memiliki kejahatan di dalam kita, istilah "kesabaran" tidak akan diperlukan. Dengan cara yang sama, apabila kita hanya memiliki kasih, pengampunan, dan pemahaman, maka tidak akan ada tempat untuk "kesabaran". Oleh karena itu, Allah ingin kita memiliki jenis kesabaran yang dengannya kata "kesabaran" tidak diperlukan. Dalam kenyataan, Dia sendiri yang merupakan kebaikan dan kasih, tidak perlu menjadi sabar. Tapi, Ia mengatakan kepada kita bahwa Ia "sabar" dengan kita untuk membantu kita memahami konsep "kesabaran". Kita harus menyadari bahwa semakin banyak sifat-sifat yang kita miliki untuk menjadi sabar dalam situasi tertentu, semakin jahat dalam pandangan Allah apa yang kita miliki dalam hati kita sendiri.

Apabila kita tidak memiliki apapun untuk menjadi sabar setelah menyelesaikan buah kesabaran yang sempurna, kita akan selalu bahagia, mendengar hanya hal-hal baik, dan merasa sangat ringan dalam hati kita seakan kita berjalan di atas awan.

Topaz: Kebaikan Rohani

Batu topaz, yang merupakan pondasi kesembilan dari dinding Yerusaelm Baru, adalah batu transparan dan berwarna oranye kemerahan. Hati rohani yang dilambangkan oleh topaz adalah kebaikan rohani. Kebaikan adalah kualitas untuk menjadi baik, suka menolong, dan jujur. Tetapi pengertian rohani dari kebaikan memiliki pengertian yang lebih dalam.

Ada kebaikan diantara sembilan buah Roh Kudus, juga, dan itu memiliki pengertian yang sama dengan kebaikan topaz. Pengertian rohani dari kebaikan adalah untuk mencari kebaikan di dalam Roh Kudus.

Setiap orang memiliki standar untuk menilai antara yang benar dan yang salah atau antara yang baik dan yang jahat. Hal ini disebut "hati nurani". Konsep dari hati nurani berbeda untuk waktu, negara, dan orang-orang yang berbeda.

Standar untuk mengukur besarnya kebaikan rohani hanyalah satu: Firman Allah, sang Kebenaran. Oleh karena itu, untuk mencari kebaikan dari perspektif kita bukanlah kebaikan rohani. Untuk mencari kebaikan dalam pandangan Allah adalah kebaikan rohani.

Matius 12:35 berkata, *"Orang yang baik mengeluarkan hal-hal yang baik dari perbendaharaannya yang baik"*. Demikian juga, mereka yang memiliki kebaikan rohani di dalam diri mereka akan secara alami mengeluarkan kebaikan. Kemanapun mereka pergi dan siapa pun yang mereka temui, kata-kata baik dan perbuatan baik akan keluar dari mereka.

Sama seperti mereka yang menyemprotkan parfum akan memiliki aroma yang menyenangkan, aroma kebaikan akan keluar dari mereka yang memiliki kebaikan. Yaitu, mereka mengeluarkan aroma kebaikan dari Kristus. Oleh karena itu, dengan hanya mencari kebaikan dalam hati tidak dapat disebut sebagai kebaikan. Jika kita memiliki hati yang mencari kebaikan, maka kita akan secara alami mengeluarkan aroma dari Kristus dengan perkataan dan perbuatan yang baik. Dengan cara ini, kita sebaiknya menunjukkan kebaikan moral dan kasih kepada orang-orang di sekitar kita. Inilah kebaikan dalam makna rohani yang sebenarnya.

Standar untuk mengukur kebaikan rohani

Allah Sendiri adalah baik, dan kebaikan ditemukan di sepanjang Alkitab, Firman Allah. Terdapat juga ayat-ayat dalam Alkitab yang secara spesifik mengeluarkan lebih banyak warna topaz, yaitu warna kebaikan rohani.

Pertama-tama, ayat tersebut ditemukan dalam Filipi 2:1-4, yang menyatakan, *"Jadi karena dalam Kristus ada nasihat, ada penghiburan kasih, ada persekutuan Roh, ada kasih mesra dan belas kasihan, karena itu sempurnakanlah sukacitaku dengan ini: hendaklah kamu sehati sepikir, dalam satu kasih, satu jiwa, satu tujuan, dengan tidak mencari kepentingan sendiri atau puji-pujian yang sia-sia. Sebaliknya hendaklah dengan rendah hati yang seorang menganggap yang lain lebih utama dari pada dirinya sendiri; dan janganlah tiap-tiap orang hanya memperhatikan kepentingannya sendiri, tetapi kepentingan orang lain juga."*

Meskipun sesuatu itu tidak benar menurut pemikiran kita dan karakter kita, jika kita mencari kebaikan dalam Tuhan, kita akan terikat dengan orang lain dan setuju dengan pendapat mereka. Kita tidak akan bertengkar dalam hal apapun. Kita tidak akan memiliki keinginan untuk memamerkan diri kita sendiri atau disanjung-sanjung oleh orang lain. Hanya dengan kerendahan hati, kita akan menganggap orang lain lebih baik dari kita dari dalam hati kita. Kita akan melakukan pekerjaan kita dengan setia dan dalam cara yang sangat bertanggungjawab. Kita bahkan akan mampu untuk membantu orang lain dengan pekerjaan mereka.

Kita dapat dengan mudah menemukan jenis orang yang memiliki kebaikan dalam hati mereka dari cerita mengenai kebaikan orang Samaria dalam Lukas 10:25-37.

"Adalah seorang yang turun dari Yerusalem ke Yerikho; ia jatuh ke tangan penyamun-penyamun yang bukan saja merampoknya habis-habisan, tetapi yang juga memukulnya dan yang sesudah itu pergi meninggalkannya setengah mati. Kebetulan ada seorang imam turun melalui jalan itu; ia melihat orang itu, tetapi ia melewatinya dari seberang jalan. Demikian juga seorang Lewi datang ke tempat itu; ketika ia melihat orang itu, ia melewatinya dari seberang jalan. Lalu datang seorang Samaria, yang sedang dalam perjalanan, ke tempat itu; dan ketika ia melihat orang itu, tergeraklah hatinya oleh belas kasihan. Ia pergi kepadanya lalu membalut luka-lukanya, sesudah ia menyiraminya dengan minyak dan anggur. Kemudian ia menaikkan orang itu ke atas keledai tunggangannya sendiri lalu membawanya ke tempat penginapan dan merawatnya. Keesokan harinya ia menyerahkan dua dinar kepada pemilik penginapan itu, katanya: Rawatlah dia dan jika kaubelanjakan lebih dari ini, aku akan

*menggantinya, waktu aku kembali. Siapakah di antara
ketiga orang ini, menurut pendapatmu, adalah sesama
manusia dari orang yang jatuh ke tangan penyamun
itu?" (Lukas 10:30-36).*

Di antara imam, orang Lewi, dan orang Samaria, manakah
yang merupakan tetangga sejati dan orang yang penuh kasih?
Orang Samaria adalah tetangga sejati dari orang tersebut yang
dirampok karena ia memiliki kebaikan dalam hatinya untuk
memilih jalan yang benar, meskipun ia dianggap sebagai orang
Kafir.

Orang Samaria ini mungkin tidak mengenal Firman Allah
dengan baik sebagai pengetahuan. Tetapi kita dapat melihat
bahwa dia memiliki hati yang diikuti oleh kebaikan. Itu artinya
dia memiliki kebaikan rohani menurut kebaikan dalam
pandangan Allah. Meskipun kita harus mengeluarkan waktu dan
uang kita, kita harus memilih kebaikan dalam pandangan Allah.
Ini adalah kebaikan rohani.

Kebaikan Yesus

Ayat Alkitab lain yang memancarkan terang kebaikan yang
lebih bercahaya adalah Matius 12:19-20. Hal ini berkaitan
dengan kebaikan Yesus. Tertulis:

> *"Ia tidak akan berbantah dan tidak akan berteriak
> dan orang tidak akan mendengar suara-Nya di jalan-
> jalan. Buluh yang patah terkulai tidak akan diputuskan-
> Nya, dan sumbu yang pudar nyalanya tidak akan
> dipadamkan-Nya, sampai Ia menjadikan hukum itu
> menang."*

Kalimat "sampai Ia menjadikan hukum itu menang" menekankan bahwa Yesus berbuat hanya dengan kebaikan hati dalam seluruh proses penyaliban dan kebangkitan, memberikan kita kemenangan dengan berkat keselamatan-Nya.

Karena Yesus memiliki kebaikan rohani, Ia tidak pernah menyakiti atau bertengkar dengan orang lain. Ia menerima segalanya dengan kebijaksanaan dari kebaikan rohani dan firman kebenaran bahkan saat ia menghadapi kesulitan yang sepertinya tidak dapat diterima. Selain itu, Yesus tidak melawan orang-orang yang berusaha membunuh-Nya maupun berusaha untuk menjelaskan dan membuktikan ketidakberdosaan-Nya. Ia menyerahkan segalanya kepada Allah dan menyempurnakan segala hal dengan kebijaksanaan-Nya dan kebenaran dalam kebaikan rohani.

Kebaikan rohani adalah hati yang "tidak memutuskan buluh yang terkulai atau memadamkan sumbu yang pudar nyalanya." Definisi ini menyatakan melambangkan maksud yang merujuk pada kebaikan.

Mereka yang memiliki kebaikan tidak berteriak atau bertengkar dengan siapapun. Juga, mereka akan menunjukkan kebaikan mereka dalam penampilan mereka juga. Seperti yang tertulis, "Tidak seorangpun akan mendengar suara-Nya di jalan-jalan", mereka yang memiliki kebaikan akan memancarkan kebaikan dan kerendahan hati di bagian luarnya. Betapa tak bercela dan sempurna pastinya kebiasaan Yesus dalam cara-Nya berjalan, bergerak, dan berbahasa! Amsal 22:11 berkata, *"Orang yang mencintai kesucian hati dan yang manis bicaranya menjadi sahabat raja."*

Pertama, "buluh yang terkulai" melambangkan mereka yang menderita banyak hal dari dunia ini dan tersakiti hatinya.

Bahkan ketika mereka mencari Allah dengan hati susah, Allah tidak akan meninggalkan mereka, tetapi menerima mereka. Hati Allah ini dan hati Yesus adalah kebaikan yang sangat tinggi.

Kemudian, adalah sama dnegan hati yang tidak memadamkan sumbu yang pudar. Jika sumbu tersebut pudar nyalanya, itu berarti api itu hampir mati, tetapi masih ada kebaikan yang tersisa. Dalam pengertian ini, "sebuah sumbu yang pudar" adalah seseorang yang begitu ternoda dengan kejahatan sehingga cahaya roh-nya "memudar". Bahkan orang jenis ini, jika dia memiliki sangat sedikit kemungkinan untuk menerima keselamatan, kita sebaiknya tidak menyerah terhadapnya. Ini adalah kebaikan.

Tuhan kita tidak menyerah pada setiap orang meskipun orang-orang yang hidup dalam dosa dan berdiri menentang Allah. Dia masih mengetuk pintu hati mereka untuk memungkinkan mereka meraih keselamatan. Hati dari Tuhan kita ini adalah kebaikan.

Terdapat orang-orang yang seperti buluh terkulai dan sumbu yang pudar dalam iman. Ketika mereka jatuh ke dalam pencobaan karena iman yang lemah, beberapa orang tidak memiliki kekuatan untuk kembali ke gereja kembali dengan sendirinya. Mungkin karena beberapa hal kedagingan yang belum mereka singkirkan, mereka mungkin telah menyebabkan kerusakan kepada jemaat gereja lainnya. Karena mereka sangat menyesal dan malu akan hal itu, meraka tidak merasa bahwa mereka dapat kembali ke gereja.

Jadi kita harus yang pertama kali mendatangi mereka. Kita harus mengulurkan tangan kita kepada mereka dan memegang tangan mereka. Ini adalah kebaikan. Juga, terdapat orang-orang yang awalnya beriman, tetapi kemudian mereka tidak berada dalam roh. Beberapa dari mereka kemudian juga menjadi seperti "sumbu yang pudar".

Beberapa dari mereka ingin dikasihi dan dikenal oleh orang lain, tetapi hal ini tidak terjadi. Jadi mereka patah hati dan kejahatan di dalam diri mereka keluar. Mereka bisa jadi cemburu kepada orang yang telah maju dalam roh, dan mereka bisa jadi memfitnah mereka. Ini seperti sumbu yang pudar yang mengeluarkan asap dan api.

Jika kita memiliki kebenaran sejati, kita juga akan sanggup untuk mengerti orang-orang seperti ini dan mau menerima mereka. Jika kita mencoba untuk mendiskusikan apa yang benar dan yang salah dan membuat orang tunduk, itu bukanlah kebaikan. Kita harus memperlakukan mereka dengan baik dengan kebenaran dan kasih, meskipun mereka menunjukkan kebenaran. Kita harus meluluhkan dan menggerakkan hati mereka. Ketika kita melakukan ini, itu adalah bertindak dalam kebaikan.

Batu Krisopras: Pengendalian Diri

Batu krisopras, yang merupakan pondasi kesepuluh dari dinding Yerusalem Baru, adalah yang paling mahal diantara batu alam. Batu ini memiliki warna hijau tua semi transparan, dan salah satu batu paling berharga yang dipakai perempuan Korea karena dianggap sangat bernilai di masa lalu. Batu ini melambangkan kesucian dan kemurnian wanita.

Apa yang dilambangkan oleh batu krisopras secara rohani? Batu ini melambangkan pengendalian diri. Adalah baik untuk berlimpahan dalam segala hal dalam Allah, tapi harus ada pengendalian diri untuk membuat semuanya menjadi indah. Pengendalian diri adalah salah satu dari sembilan buah Roh

Kudus.

Pengendalian diri untuk menyelesaikan kesempurnaan

Titus 1:7-9 mengatakan kepada kita tentang syarat pengawas gereja, dan salah satu syarat itu adalah pengendalian diri. Apabila seseorang kurang dalam pengendalian diri menjadi seorang pengawas, akankah ia mampu untuk menyempurnakan dalam kehidupannya sendiri yang tidak terkendali?

Dalam apapun yang kita lakukan dalam Tuhan, kita harus memisahkan kebenaran dari kesesatan, dan mengikuti kehendak Roh Kudus dengan pengendalian diri. Apabila kita mampu untuk mendengar suara Roh Kudus, kita akan makmur dalam segala hal karena kita memiliki pengendalian diri. Apabila kita tidak memiliki pengendalian diri, hal-hal dapat menjadi buruk dan kita malah dapat menghadapi kecelakaan, baik bencana alam maupun bencana akibat perbuatan manusia, penyakit dan hal-hal serupa itu.

Dengan demikian, buah pengendalian diri sangat penting, dan hal ini adalah keharusan dalam menyelesaikan kesempurnaan. Sebanyak kita menghasilkan buah kasih, kita dapat menghasilkan buah sukacita, kedamaian, kesabaran, kebaikan, keimanan, dan kelembuatan, dan buah-buah ini akan selesai sepenuhnya dengan pengendalian diri.

Pengendalian diri dapat dibandingkan dengan anus pada tubuh kita. Meskipun kecil, organ ini memainkan peranan sangat penting dalam tubuh kita. Apa yang akan terjadi apabila anus kehilangan kekuatan kontraksinya? Kotoran akan tidak terkendali, dan kita akan menjadi kotor dan tidak senonoh.

Dengan cara yang sama, apabila kita kehilangan pengendalian diri, segala hal dapat menjadi berantakan. Orang-orang hidup dalam kesesatan karena mereka tidak dapat mengendalikan dirinya sendiri secara rohani. Karena hal tersebut, mereka menghadapi cobaan dan tidak dapat dikasihi oleh Allah. Apabila kita tidak dapat mengendalikan diri kita sendiri, kita akan melakukan kesesatan dan melanggar hukum karena kita akan minum dan sebanyak yang kita mau, membuat hidup kita berantakan.

Yohanes Pembaptis

Sebuah contoh baik tentang pengendalian diri di antara tokoh Alkitabiah adalah Yohanes Pembaptis.

Yohanes Pembaptis mengetahui dengan pasti kenapa dia lahir ke dunia ini. Dia mengetahui bahwa dia harus mempersiapkan jalan bagi Yesus, yang adalah terang sesungguhnya. Jadi, hingga dia menggenapi kewajiban ini, dia menjalani kehidupan yang sangat terpencil dari dunia ini. Dia mempersenjatai dirinya sendiri dengan doa dan Firman saja ketika berada di padang gurun. Dia makan hanya belalang dan madu hutan. Ini adalah kehidupan yang sangat terpencil dan sangat terkendali. Melalui jenis kehidupan ini, dia siap untuk mempersiapkan jalan bagi Tuhan, menggenapinya segera.

Dalam Matius 11:11, Yesus mengatakan hal ini tentang dirinya, *"Sesungguhnya di antara mereka yang dilahirkan oleh perempuan tidak pernah tampil seorang yang lebih besar dari pada Yohanes Pembaptis!"*

Jika seseorang berpikir, "Oh, jadi sekarang saya akan pergi jauh ke pegunungan atau tempat terpencil dan menjalani kehidupan dengan pengendalian diri!" ini membuktikan bahwa dia sendiri tidak memiliki pengendalian diri dan menginterpretasikan Firman Allah dalam caranya sendiri dan berpikir terlalu berlebihan.

Adalah penting untuk mengendalikan hati Anda dalam Roh Kudus. Jika Anda belum mencapai tingkat roh, Anda harus mengendalikan keinginan daging Anda dan mengikuti hanya keinginan Roh Kudus. Juga, bahkan setelah Anda mendapatkan roh tersebut, Anda harus mengendalikan kekuatan atau kebesaran dari setiap hati rohani untuk memiliki harmoni yang sempurna sebagai sebuah kesatuan. Pengendalian diri ini ditunjukkan dengan cahaya krisopras.

Batu Lazuardi: Kemurnian dan Kesucian

Batu lazuardi, yang merupakan pondasi kesebelas dari dinding Yerusalem Baru, adalah batu mulia yang transparan, berwarna merah kebiruan melambangkan kemurnian dan kesucian.

"Kemurnian" di sini merujuk pada keadaan yang tidak memiliki dosa dan bersih tanpa cela dan noda. Jika seseorag mandi shower atau mandi beberapa kali sehari, menyisir rambutnya dan berpakaian dengan baik, orang-orang akan mengatakan bahwa dia bersih dan rapi. Kemudian, apakah Allah mengatakan bahwa dia bersih juga? Jadi, siapa orang yang memiliki hati murni dan bagaimana kita dapat menyempurnakan hati murni?

Hati murni dalam pandangan Allah

Orang-orang Farisi dan ahli-ahli taurat membasuh tangan mereka sebelum mereka makan, mengikuti tradisi para tua-tua sebelumnya. Dan ketika para murid Yesus tidak melakukan hal yang sama, mereka menanyakan sebuah pertanyaan kepada Yesus untuk mempersalahkan Dia. Matius 15:2 berkata, *"Mengapa murid-murid-Mu melanggar adat istiadat nenek moyang kita?" Mereka tidak membasuh tangan sebelum makan."*

Yesus mengajarkan mereka apa arti kemurnian yang sebenarnya. Dalam Matius 15:19-20 Dia berkata, *"Karena dari hati timbul segala pikiran jahat, pembunuhan, perzinahan, percabulan, pencurian, sumpah palsu dan hujat. Itulah yang menajiskan orang. Tetapi makan dengan tangan yang tidak dibasuh tidak menajiskan orang."*

Kemurnian dalam pandangan Allah adalah untuk tidak memiliki dosa dalam hatinya. Kemurnia adalah saat kita memiliki hati yang bersih yang tidak memiliki kesalahan, noda, atau cacat cela. Kita dapat mencuci tangan dan tubuh kita dengan air, tetapi bagaimana kita dapat memurnikan hati kita?

Kita juga dapat mencucinya dengan air. Kita dapat memurnikannya dengan menyucinya dengan air rohani yaitu Firman Allah. Ibrani 10:22 berkata *"Karena itu marilah kita menghadap Allah dengan hati yang tulus ikhlas dan keyakinan iman yang teguh, oleh karena hati kita telah dibersihkan dari hati nurani yang jahat dan tubuh kita telah dibasuh dengan air yang murni."* Kita dapat memiliki hati yang bersih dan sejati hanya karena kita betindak sesuai dengan Firman Allah.

Ketika kita mematuhi apapun yang Alkitab katakan untuk membuang dan jangan lakukan, ketidakbenaran dan kejahatan akan dibersihkan dari hati kita. Dan ketika kita mematuhi apapun yang diperintahkan Alkitab kepada kita untuk kita lakukan dan pelihara, kita dapat menghindari tercemar oleh dosa dan kejahatan dunia dengan secara konstan dilakukan dengan air yang bersih. Dengan cara ini kita dapat memelihara hati kita tetap bersih.

Matius 5:8 berkata, *"Berbahagialah orang yang suci hatinya, karena mereka akan melihat Allah.?"* Allah telah memberitahu kita tentang berkat yang akan kita terima dari kemurnian hati. Yaitu bahwa kita akan melihat Allah. Mereka yang murni hatinya akan melihat Allah dengan bertatap muka dalam kerajaan sorga. Mereka dapat memasuki sedikitnya kerajaan sorga tingkat ketiga atau bahkan masuk ke daam Yerusalem Baru.

Tetapi pengertian sebenarnya dari "melihat Allah" bukanlah hanya sekedar melihat Allah. Ini berarti bahwa kita selalu bertemu dengan Allah dan menerima bantuan dari Dia. Ini berarti kita sedang menjalani sebuah kehidupan yang didalamnya kita berjalan dengan Allah, bahkan di bumi ini.

Henokh yang mendapatkan hati yang murni

Bab kelima kitab Kejadian menyebutkan tentang Henokh yang memelihara hati yang diolah baik dan berjalan dengan Allah di bumi. Dalam Kejadian 5:21-24, kita dapat membaca bahwa Henokh berjalan dengan Allah tiga ratus tahun dari waktu ke waktu saat dia menjadi ayah dari Metusalah pada usia 65 tahun. Kemudian, sebagaimana tercatat dalam ayat 4, *"Dan Henokh hidup bergaul dengan Allah, lalu ia tidak ada lagi, sebab ia telah diangkat oleh Allah,"* dia diangkat ke Sorga hidup-hidup.

Ibrani 11:5 mengatakan kepada kita alasan mengapa dia dapat diangkat ke Sorga tanpa melalui kematian, *"Karena iman Henokh terangkat, supaya ia tidak mengalami kematian, dan ia tidak ditemukan, karena Allah telah mengangkatnya. Sebab sebelum ia terangkat, ia memperoleh kesaksian, bahwa ia berkenan kepada Allah".*

Henokh menyenangkan Allah dengan menyuburkan sebuah hati yang murni tanpa memiliki dosa apapun, hingga pada akhirnya dia tidal perlu merasakan kematian. Dan pada akhirnya dia diangkat ke Sorga hidup-hidup. Dia berusia 365 tahun pada waktu itu, tetapi pada masa itu orang-orang biasa hidup hingga mencapai 900 tahun. Dalam pengertian sekarang, Allah membawa Henokh ketika dia masih dalam tahap masa muda yang paling bersemangat.

Itu karena Henokh sangat indah dalam pandangan Allah. Daripada mempertahankannya di bumi, Allah ingin menempatkan Henokh dekat di sisi-Nya di kerajaan sorga. Kita dapat melihat dengan jelas betapa Allah mengasihi dan bersukacita dengan mereka yang memiliki hati yang bersih.

Tetapi demikian Henokh sekalipun tidak menjadi dimurnikan dalam semalam. Dia juga melewati berbagai pencobaan hingga dia berusia 65t tahun. Dalam Kejadian 5:19, kita dapat melihat bahwa Jared, ayah Henokh, melahirkan anak pada usia 800 tahun diikuti dengan kelahiran Henokh, jadi kita mengerti bahwa Henokh memiliki banyak saudara laki-laki dan perempuan.

Allah telah mengizinkan saya tahu dalam doa yang sunggu-sungguh bahwa Henokh tidak memiliki masalah apapun dnegan salah satu dari saudara laki-laki dan perempuan. Dia tidak pernah ingin memiliki lebih dari yang dimiliki oleh saudara laki-lakinya; dia selalu bersikap mengalah kepada mereka. Dia tidak pernah ingin dikenal lebih dari saudara laki-laki dan perempuannya, dan dia hanya melakukan yang terbaik yang dia bisa. Bahkan ketika beberapa saudara laki-laki lebih dikasihi daripada dirinya, dia tidak merasa tidak nyaman, yang berarti dia tidak memiliki kecemburuan.

Juga, Henokh selalu menjadi seorang yang taat. Dia mendengarkan tidak hanya pada Firman Allah, tetapi juga perkataan orang tuanya. Dia tidak pernah bersikukuh pada pendapatnya sendiri. Dia tidak memiliki hasrat yang egois, dan tidak cepat tersinggung. Dia berdamai dengan semua orang.

Henokh mengusahakan tanah hati yang murni di dalam dirinya yang mana dia bisa melihat Allah. Ketika Henokh berusia 65 tahun, dia mencapai tingkatan untuk menyenangkan Allah, dan dia sekarang dapat berjalan dengan Allah.

Tetapi ada alasan yang lebih penting mengapa dia dapat berjalan dengan Allah. Yaitu karena dia mengasihi Allah dan sangat menikmati berkomunikasi dengan Allah. Tentu saja dia tidak dapat memandang pada hal-hal yang dunia ini dan dia mengasihi Allah lebih dari apapun di dunia ini.

Henokh mengasihi orang tuanya dan menaati mereka, dan ada damai dan kasih antara dia saudara-saudaranya, namun adalah Allah yang paling dia sukai. Dia lebih menikmati sendirian dan memuji Allah daripada berkumpul dengan anggota keluarganya yang lain. Dia merindukan Allah ketika dia memandang langit dan alam semesta, dan menikmati komuni yang dia miliki dengan Allah.

Itu terjadi bahkan sebelum Allah mulai berjalan dengannya, dari waktu-waktu Allah mulai berjalan dengannya, bahkan menjadi semakin sering. Seperti tercantum Amsal 8:17 berkata, *"Aku mengasihi orang yang mengasihi aku, dan orang yang tekun mencari aku akan mendapatkan daku,"* Henokh mengasihi Allah dan sangat merindukan Dia, dan Allah juga berjalan dengannya.

Semakin kita mengasihi Allah, semakin murni hati kita

jadinya, dan semakin murni hati yang kita miliki, semakin kita akan mengasihi Tuhan dan mencarinya. Adalah nyaman untuk berbicara dan berinteraksi dengan orang-orang yang murni hatinya. Mereka hanya menerima semua hal dengan murni dan percaya dengan orang lainnya.

Siapa yang merasa akan merasa tidak nyaman atau mengeluh saat melihat senyum cerah dari seorang bayi kecil? Sebagian besar orang akan merasa senang dan juga tersenyum ketika mereka melihat bayi tersebut. Hal ini karena kemurnian dari seorang bayi disampaikan kepada orang-orang, menyegarkan hati mereka, juga.

Allah Bapa merasakan hal yang sama ketika Dia melihat seseoarang dengan hati yang murni. Jadi, Dia ingin melihat orang ini lebih sering lagi dan Dia ingin tinggal dengannya.

Batu Kecubung: Keindahan dan Kelembutan

Dasar kedua belas dan terakhir dari dinding Yerusalem baru adalah batu kecubung. Batu kecubung memiliki warna ungu muda dan transparan. Batu kecubung memiliki warna yang elegan dan indah yang telah disukai oleh para bangsawan sejak zaman dulu.

Allah juga menganggap hati yang rohani yang dilambangkan dengan batu kecubung adalah indah. Hati rohani batu kecubung melambangka kelembutan. Kelembutan ini ditemukan dalam bab kasih rohani, dalam Ucapan Bahagia, dan bahkan dalam sembilan buah Roh Kudus. Ini adalah buah yang pasti lahir dalam diri seseorang yang lahir secara rohani melalui Roh Kudus dan hidup dengan firman Allah.

Kelembutan hati yang dinyatakan indah oleh Allah

Sebuah kamus mendefinisikan kelembutan sebagai sebuah karakter kebaikan, kehalusan, dan kelemahlembutan; [dan] mampu mengimpartasikanya ketenangan. Tetapi kelembutan yang Allah anggap indah bukan sekedar karakter-karakter tersebut.

Mereka yang memiliki karakter lembut dalam kedagingan merasakan sesuatu yang tidak nyaman tentang orang-orang yang tidak lembut. Ketika mereka melihat seseorang yang sangat kuat dalam karakter, mereka menjadi sedikit berhati-hati, dan mereka bahkan merasa sulit untuk berinteraksi dengan jenis orang tersebut. Tetapi seseorang yang lembut secara rohani dapat menerima segala macam orang dari berbagai macam karakter. Ini adalah salah satu perbedaan antara kelembutan kedagingan dengan kelembutan rohani.

Kemudian, apakah kelembutan rohani itu, dan mengapa Allah menganggapnya indah?

Untuk menjadi lembut secara rohani adalah untuk memiliki karakter yang halus dan hangat bersamaan dengan hati yang luas untuk menerima semua orang. Dia adalah seseorang yang memiliki hati yang lembut dan senyaman kapas sehingga banyak orang yang dapat menemukan ketenangan dengannya. Juga, dia adalah seseorang yang dapat mengerti semua hal dalam kebaikan dan menanggung dan menerima semua hal dalam kasih.

Dan satu pun hal yang tidak dapat hilang dalam kelembutan rohani. Yaitu karakter luhur dalam hubungannya dengan memiliki hati yang luas. Jika kita memiliki hati yang sangat hangat dan lembut di dalam diri kita sendiri, itu tidak berarti apa-apa. Dari waktu ke waktu, ketika diperlukan, kita harus bisa mendorong dan memberi nasehat kepada orang lain, menunjukkan perbuatan kebaikan dan kasih. Untuk menunjukkan karakter luhur yaitu menguatkan orang lain, membiarkan mereka merasakan kehangatan, dan membiarkan mereka beristirahat dalam hati kita.

Orang yang lembut secara rohani

Orang-orang yang memiliki kelembutan rohani sejati tidak memiliki prasangka terhadap siapa pun. Sehingga mereka tidak mengalami masalah dan tidak bermusuhan dengan siapa pun. Orang lain juga merasakan hatinya yang hangat ini, sehingga mereka dapat merasakan kedamaian saat dirangkul dengan hangat. Kelembutan rohani ini seperti pohon besar yang memberikan bayangan besar dan teduh di siang musim panas yang terik.

Jika seorang suami menerima dan merangkul semua anggota keluarganya dengan hati yang lapang, sang istri akan menghargai dan mencintainya. Jika istri juga memiliki hati yang lembut seperti kapas, ia dapat memberikan kenyamanan dan kedamaian bagi suaminya, sehingga mereka dapat menjadi pasangan yang sangat berbahagia. Juga, anak-anaknya yang dilahirkan dalam keluarga sedemikian tidak akan goyah walaupun saat mereka menghadapi kesulitan. Karena mereka dapat dikuatkan dalam kedamaian keluarganya, mereka dapat mengatasi kesulitan dan tumbuh dengan upright dan sehat.

Demikian juga, melalui orang-orang yang telah menanam kelembutan rohani, orang yang ada di sekitar mereka dapat memperoleh kenyamanan dan merasa bahagia. Maka, Allah Bapa juga akan mengatakan bahwa orang-orang yang lembut secara rohani sungguh sangat elok.

Di dunia ini orang-orang melakukan berbagai cara untuk memenangkan hati orang lain. Mereka dapat memberikan hal-hal materi kepada orang lain atau menggunakan popularitas sosial maupun otoritas mereka. Tetapi dengan cara-cara kedagingan, kita tak dapat sungguh-sungguh memenangkan hati orang lain. Mereka dapat membantu kita sementara karena mereka membutuhkan kita, tetapi karena mereka itu tidak datang dari hati, mereka akan berubah pikiran bila situasi berubah.

Tetapi orang-orang akan secara alami berkumpul di sekitar orang yang memiliki kelembutan rohani. Mereka tunduk dari dalam hati mereka dan ingin tetap bersama orang yang lembut rohani tersebut. Itu karena, melalui orang yang memiliki kelembutan rohani, mereka dapat dikuatkan dan merasakan kenyamanan yang tidak dapat mereka rasakan di dunia. Jadi, banyak orang akan tinggal bersama orang yang lembut rohani, dan ini akan menjadi otoritas rohani.

Matius 5:5 berbicara tentang berkat ini yang memenangkan banyak jiwa dengan mengatakan bahwa mereka akan mewarisi bumi. Itu berarti bahwa mereka akan memperoleh hati manusia yang berasal dari tanah. Sebagai akibatnya, mereka juga akan menerima bagian tanah yang besar di kerajaan surgawi yang kekal. Karena mereka telah merangkul dan membimbing begitu banyak jiwa ke dalam kebenaran, mereka akan menerima banyak upah.

Itulah sebabnya kenapa Allah mengatakan begini tentang Musa dalam Bilangan 12:3, *"Adapun Musa ialah seorang yang sangat lembut hatinya, lebih dari setiap manusia yang di atas muka bumi."* Musa memimpin Keluaran. Ia memimpin lebih dari 2 juta orang, dan membimbing mereka selama 40 tahun di padang gurun. Sama seperti orangtua membesarkan anaknya, ia merangkul mereka dalam hatinya dan membimbing mereka menurut kehendak Allah.

Bahkan saat anak-anaknya melakukan dosa berat, orangtua tidak membuang mereka begitu saja. Sama juga halnya, Musa merawat bahkan orang-orang yang harusnya dibuang menurut Hukum Taurat, dan ia membimbing mereka sampai akhir dengan meminta pengampunan dari Allah bagi mereka.

Saat Anda bahkan hanya memiliki tugas kecil di gereja, Anda akan memahami betapa baiknya kelembutan rohani ini. Bukan hanya dalam tugas memelihara jiwa-jiwa, tetapi dalam segala jenis tugas, jika Anda melakukannya dengan kelembutan, Anda tidak akan mengalami masalah. Tidak ada dua orang yang memiliki hati dan pemikiran yang sama. Setiap orang dibesarkan dalam keadaan yang berbeda-beda dan memiliki karakter yang berbeda. Pemikiran dan pendapat mereka mungkin tidak setuju.

Tetapi orang yang lembut dapat menerima orang lain dengan hati yang lapang. Kelembutan untuk mengosongkan diri sendiri dan menerima orang lain menjadi indah dalam situasi di mana setiap orang memaksakan bahwa merekalah yang benar.

Kita telah belajar tentang semua hati rohani yang dilambangkan oleh masing-masing dari 12 batu pondasi dinding kota Yerusalem Baru. Ini adalah hati yang penuh iman, lurus, berkorban, saleh, setia, bergairah, berbelas-kasihan, kebaikan, pengendalian diri, kemurnian, dan kelembutan. Saat kita menggabungkan semua karakter tersebut, ini menjadi hati Yesus Kristus dan Allah Bapa. Dalam satu frasa, itu adalah 'kasih yang sempurna'.

Mereka yang telah menanam kasih yang sempurna ini dengan kombinasi yang baik dan seimbang dari masing-masing karakter kedua belas permata dapat masuk dengan berani ke dalam kota Yerusalem Baru. Juga rumah-rumah mereka di Yerusalem Baru akan dihiasi dengan dua belas permata berbeda.

Karenanya, bagian dalam kota Yerusalem Baru sangat indah dan tidak terbayangkan bagusnya. Rrumah-rumah, bangunan, dan semua fasilitas seperti taman dihiasi dengan seindah mungkin.

Tetapi apa yang paling indah menurut Allah adalah orang-orang yang masuk ke dalam kota tersebut. Mereka akan mengeluarkan cahaya yang lebih terang daripada cahaya yang keluar dari semua kedua belas permata tersebut. Mereka juga akan menebarkan aroma kasih yang tebal terhadap Bapa dari dalam hati mereka. Melalui ini, Allah Bapa akan disenangkan untuk semua hal yang Ia lakukan bagi mereka.

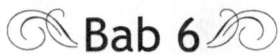

Bab 6

Dua Belas Gerbang Mutiara dan Jalan Emas

Dan kedua belas pintu gerbang
itu adalah dua belas mutiara;
setiap pintu gerbang terdiri dari satu mutiara.
Dan jalan-jalan kota itu dari emas murni
bagaikan kaca bening.

- Wahyu 21:21

Kota Yerusalem Baru memiliki dua belas gerbang, tiga gerbang di masing-masing sisi dinding utara, selatan, timur dan barat. Seorang malaikat yang sangat besar menjaga masing-masing gerbang, dan pemandangan itu sekilas saja menunjukkan keagungan dan otoritas dari Kota Yerusalem Baru. Setiap gerbang berbentuk lengkungan, dan ukurannya begitu besar sehingga kita harus melihat jauh ke atas. Masing-masing gerbang itu terbuat dari sebuah mutiara raksasa. Gerbang itu membuka ke samping dan mempunyai pegangan terbuat dari emas dan batu-batu berharga lainnya. Gerbang akan terbuka secara otomatis tanpa harus dibuka dengan tangan.

Allah telah membuat dua belas gerbang dengan mutiara-mutiara yang indah dan jalanan dengan emas murni bagi anak-anak-Nya yang terkasih. Betapakah akan lebih indah dan permainya bangunan-bangunan di Kota itu?

Sebelum kita mempelajari bangunan-bangunan dan berbagai tempat di Kota Yerusalem Baru, mari kita pertama-tama memikirkan alasannya mengapa Allah telah membuat gerbang Kota Yerusalem Baru dari mutiara, dan jalanan seperti apakah yang ada selain dari jalan emas.

Dua Belas Gerbang Mutiara

Wahyu 21:21 berkata, *"Dan kedua belas pintu gerbang itu adalah dua belas mutiara: setiap pintu gerbang terdiri dari satu mutiara. Dan jalan-jalan kota itu dari emas murni bagaikan kaca bening."* Lalu, mengapa kedua belas gerbang itu dibuat dari mutiara sementara ada begitu banyak batu berharga lainnya di Yerusalem Baru? Sebagian mungkin berkata bahwa akan lebih baik untuk menghias setiap gerbang dengan batu-batu permata yang berlainan karena ada dua belas gerbang, tetapi Allah telah menghias kesemua gerbang itu dengan mutiara.

Ini karena ada rencana Allah dan arti rohani yang terkandung dalam rancangan ini. Tidak seperti batu permata lainnya, mutiara mengandung nilai yang berbeda dan karenanya dianggap lebih berharga karena dihasilkan melalui proses yang menyakitkan.

Mengapa kedua belas gerbang dibuat dari mutiara?

Bagaimanakah mutiara dihasilkan? Mutiara adalah satu dari dua batu berharga organik dari laut, lainnya adalah koral. Mutiara dicintai oleh begitu banyak orang karena memberikan kilau indah tanpa perlu dipoles lagi.

Mutiara dibentuk pada kulit bagian dalam cangkang kerang.

Ini adalah gumpalan abnormal yang mengkilat terdiri dari kalsium karbonat, dalam bentu semi-lingkaran atau lingkaran. Saat ada benda asing masing ke dalam daging kerang yang lunak, cangkangnya mengalami rasa sakit yang luar biasa, seolah ditusuk oleh jarum. Lalu, cangkangnya akan melawan benda asing tersebut sambil menahan rasa sakit yang luar biasa. Mutiara dibentuk saat kerang mengeluarkan zat yang melapisi benda asing tersebut terus-menerus.

Ada dua jenis mutiara: mutiara alami dan mutiara yang diternakkan. Manusia telah mengetahui prinsip pembuatan mutiara. Mereka mengambil banyak kerang dan memasukkan bahan buatan ke dalamnya sehingga kerang tersebut akan menghasilkan mutiara. Mutiara-mutiara ini terlihat alami namun harganya lebih murah karena hanya memiliki lapisan mutiara yang tipis.

Sama seperti kerang menghasilkan mutiara yang indah dengan menahan rasa sakit yang luar biasa saat melawan benda asing, ada proses yang sabar menanggung penderitaan bagi anak-anak Allah yang berjuang untuk memulihkan citra Allah yang hilang. Mereka dapat maju dengan iman seperti emas murni yang dengannya mereka dapat memasuki Yerusalem Baru hanya setelah mereka menanggung kesusahan dan penderitaan saat hidup di dunia ini.

Jika kita ingin menang dalam pertempuran iman dan masuk ke gerbang Kota Yerusalem Baru, kita semua harus membuat mutiara di dalam hati kita. Sama seperti kerang mutiara menahan sakit dan melindungi nakre utk membuat mutiara, anak-anak Allah juga harus menahan rasa sakit sampai mereka memulihkan citra Allah sepenuhnya.

Saat dosa masuk ke dalam dunia dan orang-orang menjadi semakin ternoda dengan dosa, mereka kehilangan citra Allah.

Dalam hati manusia tertanam kejahatan dan ketidakbenaran, dan hati mereka menjadi kotor, mengeluarkan aroma busuk. Allah Bapa menunjukkan kasih-Nya yang luar biasa bahkan terhadap orang-orang yang hidup dengan hati penuh dosa di dunia yang penuh dosa ini.

Setiap orang yang percaya kepada Yesus Kristus akan dibasuh dosanya oleh darah Yesus. Tetapi anak-anak sejati yang Allah inginkan adalah anak-anak yang dewasa dan tumbuh sempurna. Ia menginginkan orang-orang yang tidak akan kotor lagi setelah mereka dibasuh. Secara rohani, itu berarti mereka tidak berbuat dosa lagi, tetapi menyukakan Allah Bapa dengan iman yang sempurna.

Dan untuk dapat memiliki iman sempurna seperti ini, pertama-tama kita harus memiliki hati sejati. Kita hanya dapat memiliki hati yang sejati saat kita membuang semua dosa dan kejahatan dari dalam hati kita dan memenuhinya dengan kebaikan dan kasih. Semakin banyak kebaikan dan kasih yang kita miliki semakin kita dapat memulihkan citra Allah.

Allah Bapa mengizinkan pencobaan yang memurnikan terjadi atas anak-anak-Nya sehingga mereka dapat menanam kebaikan dan kasih. Ia membuat mereka menemukan dosa dan kejahatan yang ada di dalam hati mereka dalam berbagai keadaan. Saat kita menemukan dosa dan kejahatan kita, kita akan merasakan sakit di hati kita. Sama seperti pengganggu yang tajam masuk ke dalam kerang dan menusuk daging yang lunak. Tetapi kita harus mengakui fakta bahwa kita merasakan sakit saat kita mengalami pencobaan karena dosa dan kejahatan di dalam hati kita.

Jika kita sungguh mengakui hal ini, maka kita dapat membuat mutiara rohani di dalam hati kita. Kita berdoa dengan tekun untuk membuang dosa dan kejahatan yang kita temukan.

Kemudian, kasih dan kekuatan dari Allah akan turun atas kita. Juga, Roh Kudus akan membantu kita. Sebagai hasilnya, dosa-dosa dan kejahatan yang kita temukan akan dibuang dan kita akan memiliki hati rohani.

Mutiara sangat berharga saat proses menghasilkannya diperhitungkan. Sama seperti kerang harus menahan rasa sakit dan bertahan untuk menghasilkan mutiara, kita harus mengatasi dan menahan sakit yang luar biasa agar dapat masuk ke dalam Yerusalem Baru. Kita hanya akan dapat memasuki gerbang ini saat kita memenangkan pertempuran iman. Gerbang-gerbang ini dibuat untuk melambangkan fakta tersebut.

Ibrani 12:4 tells us, *"Dalam pergumulan kamu melawan dosa kamu belum sampai mencucurkan darah."* Dan setengah bagian kedua Wahyu 2:10 juga mendorong kita untuk *"Hendaklah engkau setia sampai mati, dan Aku akan mengaruniakan kepadamu mahkota kehidupan."*

Seperti yang dikatakan Alkitab kepada kita, kita dapat masuk ke dalam Yerusalem Baru, tempat paling indah di surga, hanya saat kita melawan dosa, membuang segala jenis kejahatan, dan setia sampai mati, serta memenuhi tugas kita.

Dua belas gerbang mutiara adalah bagi para pemenang iman

Dua belas gerbang mutiara berfungsi sebagai gerbang kemenangan dalam iman, jalan bagi pemimpin yang menang kembali ke rumah setelah berhasil memenangi pertempuran berbaris melalui monumen kehormatan.

Pada jaman dulu, untuk menyambut kedatangan dan menghormati tentara dan komandan mereka yang kembali ke rumah, orang-orang membangun berbagai monumen dan bangunan dan menamainya sesuai dengan orang-orang yang menjadi pahlawan. Pasukan yang menang akan dihormati dan melewati gerbang kemenangan, disambut oleh rakyat yang berdesak-desakan, mengendarai kereta yang diberikan oleh raja.

Saat mereka mencapai aula perjamuan di tengah nyanyian kemenangan, para menteri yang duduk dengan raja dan ratu menyambut mereka. Panglima perang kemudian turun dari kereta dan berlutut kepada raja, dan raja akan mengangkatnya dan memuji hasil kerjanya yang sangat luar biasa. Kemudian mereka makan-makan, minum dan berbagi kegembiraan atas kemenangan. Panglima akan diberikan upah otoritas, kekayaan, dan kehormatan sebanding dengan hasil pekerjaannya oleh raja.

Apabila otoritas panglima dan pasukannya saja sebesar ini, bagaimanakah akan lebih besar lagi otoritas mereka yang melewati dua belas gerbang Yerusalem Baru? Mereka akan dikasihi dan diberi kenyamanan oleh Allah Bapa dan tinggal di sana selamanya dalam kemuliaan yang tidak dapat dibandingkan dengan panglima atau pasukan yang melewati gerbang kemenangan. Ketika mereka melewati dua belas gerbang yang dibuat dari mutiara sepenuhnya, mereka ingat tentang perjalanan iman mereka selama mereka berjuang dan berusaha sebaik mungkin, dan mencurahkan air mata dari dalam hati mereka dengan rasa syukur.

Keagungan dua belas gerbang mutiara

Di surga, orang-orang tidak pernah melupakan apapun bahkan setelah waktu yang lama karena surga merupakan bagian dari dunia rohani. Sebaliknya, mereka terkadang mengenang dan menghargai masa yang lalu.

Itulah kenapa mereka yang masuk ke Yerusalem Baru

terpukau kapanpun mereka melihat ke dua belas gerbang mutiara, dan berpikir, 'aku telah mengatasi banyak cobaan dan akhirnya datang ke Yerusalem Baru!' Mereka gembira ketika ingat kenyataan bahwa mereka berjuang dan akhirnya menang melawan iblis dan dunia, dan menyingkirkan semua kesesatan di dalam mereka. Mereka mengucapkan puji syukur kepada Allah Bapa sekali lagi, dan mengingat akan kasih-Nya yang membimbing mereka untuk mengatasi dunia. Mereka juga mengucap syukur kepada orang-orang yang membantu mereka sampai mencapai tempat itu.

Di dunia ini, rasa syukur terkadang pudar sepenuhnya atau musnah seiring berlalunya waktu, tapi karena di surga tidak ada ketidaktulusan hati, orang-orang bersyukur, bergembira, dan kasih tumbuh terus menerus semakin besar seiring berlalunya waktu. Oleh karena itu, kapanpun penduduk Yerusalem Baru melihat ke gerbang mutiara, mereka akan mengucapkan syukur kepada Allah dan kepada orang-orang yang telah membantu mereka sampai ke sana.

Saya sungguh-sungguh bersyukur kepada orang-orang yang mengajarkan injil kepada saya atau kepada mereka yang memperlihatkan berkat kepada saya. Saya yang sekarang adalah karena mereka, jadi saya tidak bisa berbuat lain kecuali berterima kasih kepadanya sepanjang waktu.

Jalanan dibuat dari Emas Murni

Saat orang-orang mengenang kehidupan mereka di dunia dan melewati gerbang kemuliaan - gerbang mutiara, mereka akhirnya sampai di Yerusalem Baru. Kota tersebut penuh dengan cahaya kemuliaan Allah, terpencil, dengan suara-suara kedamaian dari puji-pujian malaikat, dan aroma lembut bunga-bunga. Saat mereka melangkahkan kaki masuk ke Yerusalem Baru, mereka merasakan kegembiraan dan keterpesonaan yang tidak dapat diungkapkan.

Dindingnya dihiasi dengan dua belas permata dan gerbang mutiara yang sangat indah seperti yang telah dibahas. Jadi, jalanan di Yerusalem Baru terbuat dari apa? Sebagaimana Wahyu 21:21 mengatakan kepada kita, *"Dan kedua belas pintu gerbang itu adalah dua belas mutiara: setiap pintu gerbang terdiri dari satu mutiara dan jalan-jalan kota itu dari emas murni bagaikan kaca bening"*, Allah membuat jalanan di Yerusalem Baru dengan emas murni untuk anak-anak-Nya yang masuk ke Kota tersebut.

Yesus Kristus: Sang Jalan

Di dunia ini, banyak terdapat jenis jalan, mulai dari jalan setapak sampai jalan kereta api, mulai dari jalan sempit sampai jalan bebas hambatan. Tergantung pada tujuan dan kebutuhan, orang-orang mengambil jalan yang berbeda. Tapi, untuk menuju surga hanya ada satu jalan: Yesus Kristus.

Akulah jalan dan kebenaran dan hidup. Tidak ada seorangpun yang datang kepada Bapa, kalau tidak melalui Aku (Yohanes 14:6).

Yesus, Anak tunggal Allah, membuka jalan keselamatan dengan disalibkan untuk kepentingan semua manusia, yang mati selamanya karena dosa-dosa mereka, dan bangkit kembali pada hari yang ketiga. Apabila kita percaya dalam Yesus Kristus, kita memenuhi syarat untuk menerima kehidupan kekal. Oleh karena itu, Yesus Kristus adalah satu-satunya jalan menuju surga, keselamatan, dan kehidupan kekal. Selain itu, ini adalah jalan untuk menuju kehidupan kekal dengan menerima Yesus Kristus dan menyerupai sifat-sifat-Nya.

Jalanan Emas

Pada tiap-tiap sisi Sungai Air Kehidupan terdapat jalan untuk membuat orang-orang dengan mudah menemukan tahta Allah dalam surga yang tanpa batas. Sungai Air Kehidupan bersumber dari tahta Allah dan Anak Domba, mengalir melewati Kota Yerusalem Baru dan semua tempat tinggal di surga, dan kembali ke tahta Allah.

Lalu ia menunjukkan kepadaku sungai air kehidupan, yang jernih bagaikan kristal, dan mengalir ke luar dari takhta Allah dan takhta Anak Domba itu. Di tengah-tengah jalan kota itu, yaitu di seberang-menyeberang sungai itu, ada pohon-pohon kehidupan yang berbuah dua belas kali, tiap-tiap bulan sekali; dan daun pohon-pohon itu dipakai untuk menyembuhkan bangsa-bangsa (Wahyu 22:1-2).

Secara rohani, 'air' melambangkan Firman Allah, dan kerena kita memperoleh hidup melalui Firman-Nya dan masuk ke kehidupan kekal melalui Yesus Kristus, Air Kehidupan mengalir dari tahta Allah dan Anak Domba.

Selain itu, karena Sungai Air Kehidupan memutari surga, kita dapat mencapai Yerusalem Baru dengan mudah hanya dengan mengikuti jalan emas pada sisi-sisi Sungai.

Arti dari jalanan emas

Jalanan Emas tidak hanya membentang di Yerusalem Baru, tapi juga ada di seluruh tempat di surga. Tapi, kecemerlangan, material, dan keindahannya berbeda dari satu tempat tinggal ke tempat tinggal lainnya, dan kemilau jalanan emas juga berbeda di tiap-tiap tempat tinggal.

Emas murni di surga, tidak seperti emas yang ditemukan di dunia, tidak lembek tapi keras. Tapi, saat kita berjalan di atas jalan ini, terasa sangat lembut. Selain itu, di surga tidak ada debu atau apapun yang kotor, dan karena tidak ada yang menjadi usang, jalanan emas tersebut tidak pernah rusak. Di tiap-tiap sisi jalan mekar berbagai bunga-bunga indah dan mereka menyambut anak-anak Allah yang sedang berjalan.

Jadi, apa arti dan alasan pembuatan jalan menggunakan emas murni? Hal ini untuk mengingatkan kita kebersihan hati mereka, tempat tinggal yang lebih baik di surga yang dapat mereka peroleh. Selain itu, karena kita dapat masuk ke Yerusalem Baru hanya apabila kita mau menuju Kota tersebut dengan iman dan harapan, Allah telah membuat jalanan dengan emas murni, yang melambangkan iman rohani dan harapan terus-menerus dilahirkan dari iman ini.

Jalanan bunga

Seperti halnya ada perbedaan dalam berjalan di atas jerami, batu, jalan beraspal, dan seterusnya, maka ada perbedaan berjalan di atas jalanan emas dan jalanan bunga. Juga terdapat jalanan lain yang dibuat dari permata, dan ada perbedaan kebahagiaan saat berjalan diatasnya. Kita juga mendapati perbedaan dalam kenyamanan di antara berbagai alat transportasi seperti pesawat, kereta, atau bis, dan hal ini juga terjadi di surga. Berjalan di atas jalanan dengan keinginan kita sendiri sangat berbeda dengan berjalan secara otomatis oleh kuasa Allah.

Jalanan bunga di surga tidak memiliki bunga-bunga pada sisi-sisi jalannya karena jalanan itu sendiri terbuat dari bunga sehingga orang-orang dapat berjalan di atas bunga. Rasanya lembut dan halus seperti berjalan di atas karpet lembut tanpa alas kaki. Bunga-bunga tersebut tidak rusak atau layu karena tubuh kita adalah tubuh rohani yang sangat ringan, dan bunga tersebut tidak terinjak.

Selain itu, bunga surgawi bergembira dan memancarkan aromanya saat anak-anak Allah berjalan di atas mereka. Jadi saat mereka berjalan di atas jalanan bunga, aroma bunga tersebut terserap masuk ke dalam tubuh mereka sehingga hati mereka akan bahagia, segar, dan gembira.

Jalanan permata

Jalanan tersebut dibuat dari permata dengan begitu banyak warna cemerlang dan penuh dengan cahaya indah, dan yang lebih menarik, mereka bersinar lebih terang dan indah saat tubuh rohani berjalan di atas mereka. Bahkan permata memancarkan aroma, kebahagiaan dan kegembiraannya berada di luar jangkauan pemahaman kita. Juga, kita dapat merasakan sedikit sensasi saat berjalan di atas jalanan permata karena terasa seperti berjalan di atas air. Tapi, ini tidak berarti kita akan merasa seperti saat kita berendam atau tenggelam di air, tapi malah merasa luar biasa gembira dalam setiap langkah kita dengan sedikit ketegangan.

Tapi, kita dapat menemukan jalanan permata hanya di tempat tertentu di surga. Dengan kata lain, jalanan permata diberikan di dalam dan sekitar rumah mereka yang menyerupai hati Tuhan dan telah memberikan kontribusi yang besar dalam menyelesaikan pemeliharaan umat manusia oleh Allah. Ini seperti jalanan yang bahkan bagian terkecil sekalipun dihiasi dengan dekorasi elegan yang dibuat dari material kualitas terbaik seperti di dalam kastil atau istana raja.

Orang-orang tidak akan merasa lelah atau muak dengan apapun di surga tapi mengasihi semua hal selamanya karena ini adalah dunia rohani. Juga, mereka merasa lebih gembira dan bahagia karena bahkan benda kecil sekalipun memiliki arti rohani, dan kasih dan ketakjuban orang-orang selalu meningkat karena hal tersebut.

Betapa indah dan menakjubkannya Yerusalem Baru! Yerusalem Baru disiapkan oleh Allah untuk anak-anak terkasih-Nya. Bahkan orang-orang di Firdaus, Kerajaan Pertama, Kedua, dan ketiga Surga sangat bergembira dan bersyukur saat mereka melewati gerbang mutiara dengan undangan ke Yerusalem Baru.

Dapatkah Anda bayangkan betapa besarnya kebahagiaan dan kegembiraan anak-anak Allah tentang kenyataan bahwa mereka datang ke Yerusalem Baru sebagai hasil dari memiliki iman dan mengikuti Tuhan, yang merupakan jalan kebenaran?

Saya berdoa dalam nama Tuhan Yesus Kristus bahwa Anda akan mengatasi berbagai macam rintangan dan keadaan dengan iman, dan berlari menuju dua belas gerbang Yerusalem Baru, seperti halnya kerang yang menghasilkan mutiara indah setelah memikul penderitaan berat.

Tiga kunci untuk masuk ke dalam Kota Yerusalem Baru.

Yerusalem Baru adalah kota berbentuk kubus dengan lebar, panjang, dan tingginya masing-masing 2.400 km. Dinding kota ini memiliki total dua belas gerbang dan dua belas batu pondasi. Dinding kota, kedua belas gerbang, dan dua belas batu pondasi semuanya memiliki makna rohani. Jika kita memahami makna ini dan memenuhinya dalam hati kita, maka kita dapat memiliki kualifikasi rohani untuk memasuki Yerusalem Baru. Dalam pengertian ini, makna rohani tersebut adalah kunci untuk masuk ke dalam Kota Yerusalem Baru.

Kunci pertama untuk masuk ke dalam Yerusalem Baru tersembunyi di dalam dinding kota. Seperti tertulis di dalam Wahyu 21:18, *"Tembok itu terbuat dari permata yaspis; dan kota itu sendiri dari emas tulen, bagaikan kaca murni,"* dinding kota terbuat dari yaspis, yang secara rohani melambangkan iman untuk menyenangkan Allah.

Iman adalah hal paling mendasar dan penting dalam kehidupan Kristen. Tanpa iman kita tak dapat diselamatkan dan kita tak dapat menyenangkan Allah. Untuk masuk ke dalam Kota Yerusalem Baru, kita harus memiliki iman untuk menyenangkan Allah --tingkat kelima iman, yang merupakan tingkat iman tertinggi. Karenanya, kunci pertama adalah tingkat kelima iman- iman untuk menyenangkan Allah.

Kunci kedua adalah menemukan kedua belas batu pondasi. Gabungan dari hati rohani diwakili oleh dua belas batu pondasi yang merupakan kasih sempurna, dan kasih sempurna ini adalah kunci kedua untuk masuk ke Yerusalem Baru.

Kedua belas batu pondasi dibuat dari dua belas permata

berbeda. Masing-masing permata di dua belas pondasi melambangkan jenis hati rohani yang spesifik. Ini adalah hati yang penuh iman, lurus, berkorban, saleh, setia, bergairah, berbelas-kasihan, kebaikan, pengendalian diri, kemurnian, dan kelembutan. Saat kita menggabungkan semua karakter tersebut, ini menjadi hati Yesus Kristus dan Allah Bapa yang merupakan kasih itu sendiri. Ringkasnya, kunci kedua untuk masuk ke dalam Yerusalem Baru adalah kasih yang sempurna.

Kunci ketiga yang tersembunyi dalam Kota Yerusalem Baru adalah dua belas gerbang mutiara. Melalui mutiara, Allah ingin kita menyadari bagaimana kita dapat masuk ke dalam Yerusalem Baru. Mutiara dibuat dengan cara yang sangat berbeda dari perhiasan lainnya. Semua emas, perak, dan batu mulia yang menjadi 12 batu pondasi, datang dari bumi. Tetapi mutiara secara unik terbuat dari makhluk hidup.

Kebanyakan mutiara dibuat oleh kerang mutiara. Kerang mutiara menahan rasa sakit dan melindungi nacre-nya untuk membuat mutiara. Dengan cara yang sama, anak-anak Allah juga harus menanggung sakit sampai mereka memulihkan citra Allah sepenuhnya.

Allah Bapa ingin memperoleh anak-anak yang tidak menjadi kotor kembali setelah mereka dibasuh oleh darah Yesus Kristus, tetapi menyenangkan Allah Bapa dengan iman yang sempurna. Untuk dapat memiliki iman seperti ini kita membutuhkan hati sejati. Kita hanya dapat memiliki hati yang sejati saat kita membuang semua dosa dan kejahatan dari dalam hati kita dan memenuhinya dengan kebaikan dan kasih.

Itulah sebabnya Allah mengizinkan kita mengalami pencobaan iman sampai kita memiliki hati sejati dan iman sempurna. Ia membuat kita menemukan dosa dan kejahatan yang ada di dalam hati kita dalam berbagai keadaan. Saat kita menemukan dosa dan kejahatan kita, kita akan merasakan sakit di hati kita. Sama seperti pengganggu yang tajam masuk ke dalam kerang dan menusuk daging yang lunak. Sama seperti kerang mutiara melapisi pengganggu yang tidak diinginkan itu lapis demi lapis dengan nakre dan menambahkan ketebalannya lapisan demi lapisan, saat kita menghadapi pencobaan dengan iman, nacre hati kita akan menjadi semakin tebal. Seperti kerang mutiara membuat mutiara, kita orang percaya juga harus membuat mutiara rohani untuk masuk ke dalam Yerusalem Baru. Ini adalah kunci ketiga untuk masuk ke Yerusalem Baru.

Saya berharap Anda memahami makna rohani yang melekat pada dinding kota Yerusalem Baru, dan dua belas gerbang, serta dua belas batu pondasi, dan memiliki ketiga kunci untuk memasuki Yerusalem Baru dengan memiliki kualifikasi rohani tersebut.

Bab 7

Pemandangan yang Indah

Dan aku tidak melihat Bait Suci di dalamnya;
sebab Allah, Tuhan Yang Mahakuasa, adalah Bait Sucinya,
demikian juga Anak Domba itu.
Dan kota itu tidak memerlukan matahari
dan bulan untuk menyinarinya,
sebab kemuliaan Allah meneranginya
dan Anak Domba itu adalah lampunya.
Dan bangsa-bangsa akan berjalan di dalam cahayanya
dan raja-raja di bumi membawa
kekayaan mereka kepadanya.
dan pintu-pintu gerbangnya tidak akan
ditutup pada siang hari,
sebab malam tidak akan ada lagi di sana;
dan kekayaan dan hormat bangsa-bangsa
akan dibawa kepadanya.
Tetapi tidak akan masuk ke dalamnya sesuatu yang najis,
atau orang yang melakukan kekejian atau dusta,
tetapi hanya mereka yang namanya tertulis
di dalam kitab kehidupan Anak Domba itu.
                                                        - Wahyu 21:22-27

Rasul Yohanes, yang oleh Roh Kudus diperlihatkan

Yerusalem Baru, mencatat pemandangan Kota tersebut dengan detil saat melihatnya dari tempat yang lebih tinggi. Yohanes telah menantikan bertahun-tahun untuk melihat Yerusalem Baru, dan ketika ia akhirnya melihat bagian dalam Kota tersebut yang pemandangannya sangat indah, hal ini membuatnya sungguh terpesona.

Apabila kita memiliki persyaratan untuk masuk ke Yerusalem Baru dan berdiri di muka gerbang, kita akan mampu untuk melihat gerbang mutiara berbentuk lengkung terbuka, yang gerbang itu sendiri terlalu besar untuk kita dapat melihat sampai ke ujungnya. Pada saat tersebut, cahaya yang begitu indah dan tidak dapat diungkapkan dengan kata-kata dari Kota Yerusalem Baru menyeruak dan menyelimuti tubuh kita. Kita merasakan kasih besar Allah dengan seketika dan tidak dapat mengendalikan air mata yang menetes turun.

Merasakan luapan kasih Allah Bapa yang melindungi kita dengan matanya yang berapi-api, berkat Tuhan yang telah mengampuni kita dengan darah-Nya pada tiang salib, dan kasih Roh Kudus yang berdiam di dalam hati kita, yang membimbing kita untuk hidup dalam kebenaran, kita memberikan penghormatan dan kemuliaan tak terkira.

Mari kita pelajari dengan detil tentang Kota Yerusalem Baru sesuai dengan cerita dari rasul Yohanes.

Tidak Perlu Sinar Matahari atau Bulan

Rasul Yohanes, melihat pemandangan bagian dalam Yerusalem Baru yang dipenuhi dengan kemuliaan Allah, mengatakan sebagai berikut:

Dan kota itu tidak memerlukan matahari dan bulan untuk menyinarinya, sebab kemuliaan Allah meneranginya dan Anak Domba itu adalah lampunya (Wahyu 21:23).

Yerusalem Baru dipenuhi dengan kemuliaan Allah karena Allah sendiri tinggal dan mengatur seluruh Kota tersebut, dan dalam puncak alam rohaninya yang di sana Allah membentuk diri-Nya menjadi Tritunggal untuk pemeliharaan umat manusia.

Kemuliaan Allah menyinari Yerusalem Baru

Alasan bahwa Allah menempatkan matahari dan bulan di dunia ini adalah supaya kita mengenali kebaikan dan kejahatan, dan membedakan roh dari daging melalui terang dan gelap sehingga kita dapat hidup sebagai anak-anak sejati Allah. Ia mengetahui segala hal tentang roh dan daging, dan kebaikan dan kejahatan, tapi umat manusia tidak dapat menyadari hal-hal ini tanpa pemeliharaan umat manusia karena mereka hanya mahluk ciptaan semata.

Saat manusia pertama Adam berada di Taman Eden sebelum permulaan pemeliharaan umat manusia, ia tidak pernah mengetahui tentang iblis, kematian, kegelapan, kemiskinan atau penyakit. Itulah kenapa ia tidak dapat menangkap arti sebenarnya dan kebahagiaan hidup atau bersyukur kepada Allah yang telah memberikan segalanya untuknya, meskipun hidupnya sangat berlimpah.

Supaya Adam mengetahui kebahagiaan sejati, maka ia perlu meneteskan air mata, mengalami penderitaan dan penyakit, dan mengalami kematian, dan ini adalah proses pemeliharaan umat manusia. Silakan lihat Pesan Salib untuk lebih jelasnya.

Pada akhirnya, Adam melakukan dosa ketidakpatuhan dengan makan dari pohon pengetahuan tentang kebaikan dan kejahatan, diusir ke bumi ini, dan mengalami kenisbian. Hanya dengan cara itulah ia menyadari betapa berlimpah, bahagia, dan indahnya kehidupan di Taman Eden, dan mengucapkan syukur kepada Allah dengan hati sejatinya.

Anak cucunya juga harus membedakan terang dari gelap, roh dari daging, dan kebaikan dari kejahatan melalui pemeliharaan umat manusia dengan mengalami berbagai kesulitan. Oleh karena itu, sekali kita menerima keselamatan dan masuk ke surga, cahaya matahari atau bulan yang diperlukan untuk pemeliharaan umat manusia di dunia tidak lagi diperlukan di surga.

Karena Allah sendiri tinggal di Kota Yerusalem Baru, maka di sana tidak ada kegelapan sama sekali. Selain itu, terang kemuliaan Allah menyinari seluruh Yerusalem Baru; secara alami, kota tersebut tidak memerlukan matahari atau bulan, atau lampu atau cahaya apapun untuk menyinarinya.

Anak Domba adalah lampu Yerusalem Baru

Yohanes tidak menemukan apapun yang memancarkan cahaya seperti matahari, bulan, atau bola lampu. Hal ini karena Yesus Kristus, yang merupakan Anak Domba, menjadi lampu Kota Yerusalem Baru.

Yohanes 1:3 mengatakan, *"Segala sesuatu dijadikan oleh Dia dan tanpa Dia tidak ada suatupun yang telah jadi dari segala yang telah dijadikan"*. Dalam Yohanes 15:5 kita membaca, *"Akulah pokok anggur dan kamulah ranting-rantingnya. Barangsiapa tinggal di dalam Aku dan Aku di dalam dia, ia berbuah banyak, sebab di luar Aku kamu tidak dapat berbuat apa-apa"*. Kita harus menyadari bahwa karena

Yesus Kristus segala hal diciptakan, pemeliharaan umat manusia di mulai di dunia ini, dan jalan keselamatan dibuka.

Karena manusia pertama Adam melakukan dosa ketidaktaatan, maka umat manusia harus jatuh ke jalan kematian (Roma 6:23). Allah kasih mengirimkan Yesus ke dunia ini untuk memecahkan masalah dosa ini. Yesus, Anak Allah yang datang dalam daging ke dunia ini, membersihkan dosa-dosa kita dengan menumpahkan darah-Nya, dan menjadi buah pertama kebangkitan dengan mematahkan kuasa kematian.

Sebagai hasilnya, mereka semua yang menerima Yesus sebagai Juru Selamatnya menerima hidup dan dapat menjadi bagian kebangkitan, menikmati hidup kekal di surga, dan menerima apapun yang mereka minta di dunia ini. Selain itu, anak-anak Allah sekarang dapat menjadi terang dunia dengan hidup dalam terang, dan memberikan kemuliaan kepada Allah melalui Yesus Kristus. Dengan kata lain, sama seperti lampu dapat memancarkan terang, maka cahaya kemuliaan Allah bersinar lebih terang melalui Juru Selamat Yesus.

Keindahan Yerusalem Baru

Saat kita melihat ke dalam Kota Yerusalem Baru dari jauh, kita dapat melihat gedung-gedung indah yang dibuat dari begitu banyak jenis batu permata dan emas melalui awan kemuliaan. Seluruh Kota terlihat hidup dengan campuran dari berbagai cahaya: Cahaya memancar dari rumah-rumah yang dibuat dari permata berharga; cahaya kemuliaan Allah; dan cahaya memancar dari dinding yang dibuat dari yaspis dan emas murni dan warna yang kebiru-biruan.

Bagaimana mungkin kita dapat mengungkapkan dalam kata-

kata emosi dan ketakjuban saat memasuki Yerusalem Baru? Kota tersebut sangat indah, megah, dan sangat mengagumkan di luar jangkauan imajinasi kita. Di pusat kota tersebut terletak tahta Allah, asal mula Sungai Air Kehidupan. Mengelilingi tahta Allah adalah rumah Elia, Henokh, Abraham, dan Musa, Maria Magdalena, dan Perawan Maria, yang mereka semua sangat dikasihi oleh Allah.

Kastil Tuhan

Kastil Tuhan terletak di kanan bawah tahta Allah, di mana Allah tinggal untuk kebaktian persembahan atau jamuan di Kota Yerusalem Baru. Di dalam kastil Tuhan, terdapat bangunan besar dengan atap emas di tengahnya, dan mengelilingi bangunan tersebut menyebar begitu banyak bangunan yang seakan tak berujung. Terutama, di sana banyak terdapat salib kemuliaan, dikelilingi oleh cahaya kemilau, menyinari di atas atap emas berbentuk kubah, Mereka mengingatkan kita kenyataan bahwa kita menerima keselamatan dan tinggal di surga karena Yesus disalib.

Gedung besar di tengah adalah sebuah bangunan berbetuk silinder, tapi karena bangunan tersebut dihiasi dengan banyak permata indah, sinar kemilau indah dari masing-masing permata bercampur membentuk warna pelangi. Apabila kita membandingkan kastil Tuhan dengan gedung-gedung buatan manusia di dunia, maka bangunan tersebut menyerupai Katedral St. Basil di Moskow, Rusia. Tapi, model, material, dan ukurannya tidak dapat dibandingkan dengan gedung paling besar yang pernah dibuat di dunia ini.

Terdapat banyak bangunan di dalam kastil Tuhan. Allah Bapa sendiri yang memberikan gedung ini sehingga mereka yang memiliki hubungan dekat dalam roh tinggal dengan orang yang dikasihinya. Menghadap kastil Tuhan, rumah-rumah dari dua belas murid berjejer. Dari depan berturut-turut adalah rumah Petrus, Yohanes, Yakobus, dan rumah murid lainnya di belakang mereka. Yang khusus adalah bahwa di sana ada tempat untuk Maria Magdalena dan Perawan Maria untuk tinggal di dalam kastil Tuhan. Tentu saja, tempat ini adalah untuk dua perempuan itu tinggal sementara apabila mereka diundang oleh Tuhan, dan tempat tinggal mereka sebenarnya yang juga serupa kastil terletak dekat dengan tahta Allah.

Kastil Roh Kudus

Di kiri bawah tahta Allah adalah kastil Roh Kudus. Kastil raksasa yang melambangkan kelemah-lembutan, dengan sifat seperti seorang ibu dari Roh Kudus dengan berbagai bangunan berbentuk kubah berbagai ukuran.

Atap dari bangunan terbesar berada di tengah kastil berbentuk seperti potongan sardis yang mewakili kesabaran. Mengelilingi kastil ini mengalir Sungai Air Kehidupan yang bersumber dari tahta Allah dan kastil Tuhan.

Semua kastil di Yerusalem Baru berukuran sangat besar dan megah, tapi kastil Tuhan dan Roh Kudus adalah yang paling besar dan paling indah. Ukuran kastil tersebut lebih menyerupai kota dibanding sebuah kastil, dan kastil-kastil tersebut dibangun dengan model yang sangat khusus. Hal ini karena, tidak seperti rumah lain yang dibangun oleh malaikat, kastil-kastil tersebut dibangun sendiri oleh Allah Bapa. Selain itu, seperti kastil Tuhan, rumah-rumah mereka yang menyatu dengan Roh Kudus dan menyempurnakan kerajaan Allah di era Roh Kudus, dibangun dengan indah mengelilingi kastil Roh Kudus.

Jembatan awan kemuliaan dan tempat pertemuan

Antara kastil Tuhan dan kastil Roh Kudus, terdapat jembatan berbentuk lengkung yang dibuat ringan, menyerupai awan untuk menghubungkan dua kastil tersebut. Pada titik tengah jembatan tersebut adalah tempat pertemuan di mana Tuhan dan Roh Kudus dapat bertemu dan bercakap-cakap.

Bahkan penduduk Yerusalem Baru tidak diperbolehkan berada di tempat ini karena tempat ini khusus untuk Tuhan dan Roh Kudus. Terkadang, Tuhan datang terlebih dahulu dan menunggu Roh Kudus, atau terkadang Roh Kudus datang terlebih dahulu untuk menunggu Tuhan. Di sini, mereka bercakap-cakap dengan akrab seperti saudara di meja yang terbuat dari permata di bawah payung berwarna pelangi. Melihat ke sungai Air Kehidupan yang mengalir di bawah jembatan awan, mereka berbagi hati, pengakuan, dan masalah lain yang tidak dapat mereka bahas ketika mereka dalam pelayanan di dunia. Mereka tidak hanya berbicara dengan akrab tapi juga merasakan kedalaman kasih Bapa.

Bait Agung

Ada banyak gedung dalam pembangunan di sekitar kastil Roh Kudus, dan gedung-gedung tersebut sangat besar dan megah. Gedung tersebut memiliki atap bulat dan dua belas pilar, dan ada dua belas gerbang besar di antara pilar-pilar tersebut. Ini adalah Bait Agung yang dibuat menurut Kota Yerusalem Baru.

Tapi, Yohanes dalam Wahyu 21:22 mengatakan, *"Dan aku tidak melihat Bait Suci di dalamnya; sebab Allah, Tuhan Yang Mahakuasa, adalah Bait Sucinya, demikian juga Anak Domba itu"*. Kenapa Yohanes tidak melihat bait suci? Orang-

orang biasanya berpikir bahwa Allah memerlukan tempat untuk tinggal, seperti dalam bait suci seperti halnya kita memerlukan tempat tinggal. Oleh karena itu, di dunia ini, kita menyembah-Nya dalam tempat ibadah di mana Firman Allah diajarkan.

Seperti disebutkan dalam Yohanes 1:1, *"Pada mulanya adalah Firman; Firman itu bersama-sama dengan Allah dan Firman itu adalah Allah"*, di mana ada Firman di situ ada Allah; di manapun Firman diajarkan di situ adalah rumah ibadah. Tapi, Allah sendiri tinggal di Kota Yerusalem Baru. Allah yang merupakan Firman itu sendiri, dan Tuhan yang merupakan satu dengan Allah, tinggal di Kota Yerusalem Baru, jadi tidak ada bait suci lain yang diperlukan. Oleh karena itu, melalui rasul Yohanes, Allah membuat kita mengetahui bahwa tidak ada bait suci yang diperlukan dan bahwa Allah dan Tuhan adalah bait suci itu sendiri di Yerusalem Baru.

Kemudian, kita masih ragu, kenapa Bait Agung tidak ada selama masa rasul Paulus, dan baru dibangun sekarang? Seperti kita temukan dalam Kisah Para Rasul 17:24, *"Allah yang telah menjadikan bumi dan segala isinya, Ia, yang adalah Tuhan atas langit dan bumi, tidak diam dalam kuil-kuil buatan tangan manusia"*. Juga, kita temukan dalam mazmur 103:19 *"TUHAN sudah menegakkan takhta-Nya di surga dan kerajaan-Nya berkuasa atas segala sesuatu"*, tahta Allah berada di surga.

Dengan demikian, meskipun tahta Allah berada di surga, Ia tetap ingin membangun Bait Agung yang mewakili kemuliaan-Nya; Bait Agung menjadi bukti kuat dalam memperlihatkan kuasa dan kemuliaan Allah di seluruh dunia.

Saat ini, ada banyak gedung besar dan megah di dunia ini. Orang-orang menginvestasikan uang dalam jumlah sangat besar dan membangun gedung indah untuk kemuliaannya sendiri dan menurut kehendak hati, tapi tidak ada satupun yang sama dengan buatan Allah, yang sungguh-sungguh pantas dipuja. Oleh karena itu, Allah ingin membangun gedung yang besar dan megah yaitu Bait Agung melalui anak-anak-Nya yang menerima Roh Kudus dan dikuduskan. Kemudian, Ia ingin untuk benar-benar dimuliakan oleh orang-orang dari segala bangsa dengan hal ini (1 Tawarikh 22:6-16).

Serupa dengan itu, apabila Bait Agung dibangun sesuai keinginan Allah, semua orang dari semua bangsa akan memuliakan Allah dan mempersiapkan diri mereka sendiri sebagai pengantin Tuhan untuk menerima-Nya. Itulah kenapa Allah mempersiapkan Bait Agung sebagai pusat penginjilan untuk membimbing begitu banyak orang menuju jalan keselamatan, dan membimbing mereka ke Yerusalem Baru pada akhir jaman. Apabila kita menyadari pemeliharaan Allah, membangun Bait Agung, dan memberikan kemuliaan kepada Allah, Ia akan memberi upah kepada kita sesuai dnegan perbuatan kita dan membangun Bait Agung yang sama di Kota Yerusalem Baru.

Oleh karena itu, apabila melihat pada Bait Agung yang dibuat dari permata dan emas yang tidak dapat dibandingkan dengan material yang ada di dunia, mereka yang masuk ke surga akan sungguh-sungguh bersyukur akan kasih Allah yang membimbing kita ke jalan kemuliaan dan berkat melalui pemeliharaan umat manusia.

Rumah-rumah surgawi dihiasi dengan permata dan emas

Mengelilingi kastil Roh Kudus adalah rumah-rumah yang dihiasi dengan banyak jenis permata berharga, dan juga masih banyak rumah yang sedang dibangun. Kita dapat melihat banyak malaikat yang sedang bekerja, menempatkan permata indah atau membersihkan lokasi rumah tersebut. Dengan cara ini, Allah memberikan upah sesuai dengan perbuatan seseorang dan menempatkan mereka di dalam rumahnya masing-masing.

Allah pernah memperlihatkan kepada saya rumah dari dua orang yang sangat beriman di gereja ini. Salah satu dari mereka telah menjadi sumber kekuatan bagi gereja dengan berdoa siang dan malam untuk kerajaan Allah, dan rumahnya dibangun dengan aroma doa dan ketekunan, dan rumah tersebut dihiasi mulai dari pintu masuk dengan permata yang sangat cemerlang.

Juga, untuk menampung sifat-sifatnya yang manis, ada sebuah meja di sudut taman yang di sana ia dapat minum teh dengan orang yang dikasihinya. Ada banyak jenis bunga kecil dengan warna yang berbeda di atas rumput yang membentang. Ini hanya menggambarkan pintu masuk dan taman dari rumah orang tersebut. Dapatkah Anda bayangkan betapa megah bangunan utamanya?

Rumah lainnya yang diperlihatkan Allah kepada saya adalah milik seorang pekerja yang telah mencurahkan dirinya dalam penginjilan di dunia ini. Saya dapat melihat sebuah ruangan di tengah banyak ruangan lain pada bangunan utama. Di ruangan tersebut terdapat meja, kursi dan tempat lilin, semuanya terbuat dari emas, dan banyak buku di ruangan tersebut. Hal ini untuk memberi upah dan mengenang pekerjaannya dalam memuliakan Allah melalui literatur penginjilan, dan karena Allah mengetahui bahwa orang ini sangat suka membaca.

Dengan demikian, Allah tidak hanya mempersiapkan rumah-rumah surgawi kita tapi juga memberikan kita benda-benda indah yang tidak dapat kita bayangkan dengan tujuan untuk memberikan kita upah karena telah mengabaikan kesenangan duniawi dan mencurahkan diri kita sendiri dalam menyelesaikan kerajaan Allah.

Selamanya Bersama Dengan Tuhan Pengantin Kita

Di dalam Kota Yerusalem Baru, terdapat berbagai perjamuan, termasuk yang digelar oleh Allah Bapa, yang digelar terus-menerus. Hal ini karena mereka yang hidup di Yerusalem Baru boleh mengundang saudara mereka yang tinggal di tempat lain di surga.

Betapa mulia dan membahagiakannya hal ini apabila Anda dapat hidup di Yerusalem Baru dan diundang oleh Allah untuk berbagi kasih dengan-Nya dan menghadiri perjamuan yang menyenangkan.

Sambutan hangat di kastil Tuhan

Saat orang-orang di Yerusalem Baru diundang oleh Tuhan pengantin mereka, mereka menghiasi diri mereka sebagai pengantin paling cantik dan dengan hati riang gembira berkumpul di kastil Tuhan. Saat pengantin-pengantin Tuhan ini tiba di kastil Tuhan, dua malaikat pada masing-masing sisi gerbang utama yang bersinar dengan ramah menyambut mereka. Pada saat tersebut, aroma dari dinding yang dihiasi dengan banyak permata dan bunga menyelimuti tubuh mereka untuk menambah kegembiraan mereka.

Saat masuk ke gerbang utama, suara puji-pujian yang menyentuh sisi terdalam roh terdengar perlahan. Kemudian, saat mendengar suara ini, kedamaian, kebahagiaan dan kegembiraan akan kasih Allah menyelimuti hati mereka karena mereka mengetahui bahwa Allah telah membimbing mereka ke sana.

Ketika mereka sedang berjalan di atas jalanan emas yang sebening kaca untuk mencapai gedung utama, mereka dikawal oleh malaikat dan melewati banyak gedung dan taman. Sampai mencapai gedung utama, hati mereka berdebar-debar dalam harapan bertemu Tuhan. Semakin mendekati gedung utama, mereka sekarang dapat melihat Tuhan yang menunggu untuk menerima mereka. Air mata menghalangi pandangan mereka tapi mereka berlari menuju Tuhan dengan semangat yang bergelora untuk melihat-Nya bahkan hanya untuk sesaat. Tuhan menanti mereka dengan tangan terbuka, dan dengan wajah penuh kasih dan kelembutan, Ia memeluk masing-masing dari mereka.

Tuhan berkata kepada mereka, "Kemarilah, pengantin cantikku! Kamu sangat dinantikan!" Orang-orang yang diundang mengakui kasih mereka dalam dada-Nya, dengan mengatakan, "Aku bersyukur dari dasar hati karena telah mengundangku!" Kemudian, mereka berjalan dan tangan saling menggenggam dengan Tuhan seperti pasangan yang sedang jatuh cinta, bercakap-cakap dengan penuh kasih yang telah mereka rindukan selama waktu mereka di dunia. Di sebelah kanan gedung utama terdapat danau besar, dan Tuhan menjelaskan dengan detil perasaan dan keadaan-Nya selama pelayanan-Nya di dunia.

Danau yang mengenang Danau Galilea

Kenapa danau ini mengingatkan mereka mengenai Danau Galilea? Allah membuat danau ini untuk mengenang karena Tuhan memulai dan melakukan banyak pelayanan-Nya di sekitar Danau Galilea (Matius 4:23). Yesaya 9:1 mengatakan,

"Tetapi tidak selamanya akan ada kesuraman untuk negeri yang terimpit itu. Kalau dahulu TUHAN merendahkan tanah Zebulon dan tanah Naftali, maka di kemudian hari Ia akan memuliakan jalan ke laut, daerah seberang sungai Yordan, wilayah bangsa-bangsa lain". Hal ini telah dinubuatkan bahwa Tuhan akan memulai pelayanan-Nya di Danau Galilea dan nubuatan tersebut telah terpenuhi.

Banyak ikan yang memancarkan berbagai warna berenang di danau besar ini. Dalam Yohanes 21, kebangkitan Tuhan dilihat oleh Petrus yang tidak menangkap satu ikan pun, dan berkata kepadanya, *"Tebarlah jala di sisi kanan perahu maka kamu akan peroleh"* (a.6), dan ketika Petrus selesai, ia menangkap 153 ikan. Di danau di dalam kastil Tuhan juga terdapat 153 ikan, dan hal ini juga mengingatkan akan pelayanan Tuhan. Saat ikan-ikan ini melompat ke udara dan melakukan lompatan yang mengagumkan, warna-warna ikan ini berubah-ubah untuk menambah kegembiraan dan kesenangan para undangan.

Tuhan berjalan di atas danau ini seperti yang Ia lakukan di Danau Galilea ketika di dunia. Kemudian, mereka yang diundang, akan berdiri mengelilingi danau dalam kegembiraan dan merindukan Tuhan berbicara. Ia menjelaskan dengan detil situasi saat ia berjalan di atas Danau Galilea. Kemudian, Petrus, yang dapat berjalan di atas air untuk sesaat karena taat kepada Firman Tuhan, akan meminta maaf karena tenggelam ke dalam air karena lemah iman (Matius 14:28-32).

Museum penghormatan atas pelayanan Tuhan

Mengunjungi berbagai tempat dengan Tuhan, orang-orang akan berpikir mengenai pemeliharaan mereka di dunia, dan diliputi oleh kasih Bapa dan Tuhan yang mempersiapkan surga. Mereka mengunjungi museum yang berada di sisi kiri gedung utama dalam kastil Tuhan. Allah Bapa sendiri yang membangunnya untuk mengenang pelayanan Tuhan di dunia sehingga orang-orang dapat melihat dan merasakannya seperti kenyataan. Sebagai contoh, tempat di mana Yesus diadili oleh Pontius Pilatus dan Via Dolorosa di mana ia menggotong salib ke puncak Golgota dibangun ulang dengan cara yang sama. Saat orang-orang melihat tempat ini, Tuhan menjelaskan keadaan pada saat itu dengan detil.

Sebelumnya, dalam inspirasi Roh Kudus, saya mempelajari apa yang dikatakan Tuhan pada waktu itu, dan saya ingin berbagi sebagian dengan Anda. Ini adalah pengakuan perasaan hati Tuhan, yang datang ke dunia ini setelah meninggalkan semua kemuliaan di surga, yang Ia buat ketika Ia sedang berjalan ke puncak Golgota dengan salib.

Bapa! Bapa-Ku!
Bapa-Ku, yang sempurna dalam terang,
Engkau sungguh-sungguh mengasihi segalanya!
Tanah yang aku injak
Sejak pertama kali bersama-Mu,
dan orang-orang,
sejak mereka diciptakan,
saat ini telah sangat rusak...

Sekarang Aku sadar
kenapa Engkau mengirim-Ku ke sini,
Kenapa Engkau membiarkan Aku
menghadapi penderitaan ini
berasal dari hati rusak manusia,
dan kenapa Engkau membiarkan Aku datang ke sini

dari tempat mulia di surga!
Sekarang aku dapat merasakan dan menyadari
semua hal ini
di dalam hati-Ku.

Tapi Bapa!
Aku mengetahui bahwa Engkau akan memulihkan semuanya
dalam keadilan-Mu dan rahasia yang tersembunyi.
Bapa!
Semua ini hanya sementara.
Tapi karena kemuliaan
Engkau akan memberikan Aku,
dan jalan terang
yang Engkau buka untuk orang-orang ini,
Bapa,
Aku memikul salib ini dengan harapan dan gembira.

Bapa, aku mampu melalui jalan ini
karena Aku percaya
Engkau akan membuka jalan dan terang ini
dengan ijin-Mu dan dalam kasih-Mu,
dan Engkau akan menyinari Anak-Mu
dengan terang yang indah
apabila semua ini selesai
dalam waktu sesaat.

Bapa!
Tanah yang Aku injak ini terbuat dari emas,
jalanan yang dulu aku injak juga dari emas,
aroma bunga-bunga yang dulu Aku hirup
tidak dapat dibandingkan dengan

yang ada di dunia,
bahan pakaian
yang dulu Aku pakai
sangat berbeda dengan ini,
dan tempat yang dulu aku tinggal
adalah tempat yang mulia.
Dan Aku akan seperti orang-orang ini
untuk mengetahui tempat yang indah dan damai ini.

Bapa,
Aku menyadari sekecil apapun pemeliharaan-Mu.
Kenapa Engkau melahirkan Aku,
kenapa Engkau memberikan kewajiban ini pada-Ku,
dan kenapa Engkau membiarkan Aku datang ke sini
untuk melangkah di atas tanah yang rusak,
dan untuk membaca pikiran dari orang-orang yang rusak.
Aku memuji Engkau Bapa.
untuk kasih-Mu, keagungan,
dan semua hal-hal ini yang tanpa cela.

Bapa-Ku terkasih!
Orang-orang berpikir bahwa Aku tidak melindungi diri-Ku
sendiri,
yang Aku akui sebagai raja Yahudi.
Tapi Bapa,
bagaimana mereka dapat memahami kenangan
mengalir dari hati-Ku,
kasih untuk Bapa mengalir dari hati-Ku,
kasih untuk orang-orang ini
mengalir dari hati-Ku?

Bapa,
banyak orang akan menyadari dan memahami
hal-hal yang akan terjadi nanti
melalui Roh Kudus
Engkau akan memberikan mereka sebagai anugerah
setelah Aku pergi.
Karena ini hanya penderitaan sementara,
Bapa, jangan meneteskan air mata
dan jangan memalingkan wajah dari-Ku.
Jangan biarkan hati-Mu dipenuhi dengan penderitaan,
Bapa!

Bapa, Aku mengasihi-Mu!
Sampai aku disalibkan,
    menumpahkan darah-Ku dan menghembuskan nafas
terakhir-Ku,
    Bapa, Aku memikirkan semua ini
dan hati orang-orang ini.

Bapa, jangan bersedih
tapi dimuliakanlah melalui Anak-Mu,
dan pemeliharaan dan semua rencana Bapa
akan selesai sepenuhnya dan selamanya.

Yesus menjelaskan apa yang terjadi melalui pikiran-Nya ketika
disalib: Kemuliaan surga; Diri-Nya sendiri berdiri menghadap
Bapa; orang-orang; alasan kenapa Bapa memberikan-Nya
kewajiban, dan lain-lain.

Mereka yang diundang ke kastil Tuhan meneteskan air mata
saat mereka mendengar hal ini dan mengucapkan syukur kepada
Tuhan karena telah memikul salib untuk kepentingan mereka,

dan mengakui dari dasar hati mereka, "Tuhanku, Engkau adalah Juru Selamat sejatiku".

Untuk mengenang kesulitan Tuhan, Allah membuat banyak jalan dari permata di dalam kastil Tuhan. Saat seseorang berjalan di atas jalan yang dibangun dan dihiasi dengan banyak permata dari berbagai warna, kemilaunya akan menjadi lebih indah dan rasanya seperti sedang berjalan di atas air. Selain itu, untuk mengenang karena digantung di kayu salib untuk menebus umat manusia dari dosa mereka, di sana Allah Bapa membuat salib kayu dengan darah yang dioleskan pada salib tersebut. Di sana juga ada kandang kuda Betlehem yang merupakan tempat Tuhan dilahirkan, dan di sana terdapat banyak benda untuk melihat dan merasakan pelayanan Tuhan seperti kenyataan. Saat orang-orang mengunjungi tempat-tempat ini, mereka dapat melihat dengan jelas tentang pekerjaan Tuhan sehingga mereka dapat merasakan kasih Tuhan dan Bapa dengan lebih mendalam dan memberikan kemuliaan dan puji syukur dengan lebih lagi.

Kemuliaan Penduduk Yerusalem Baru

Yerusalem Baru adalah tempat paling indah di surga yang diberikan kepada mereka yang menyempurnakan pengudusan dalam hati mereka dan setia di dalam semua rumah Allah. Wahyu 21:24-26 mengatakan kepada kita orang-orang seperti apa yang menerima kemuliaan untuk masuk ke Yerusalem Baru:

Dan bangsa-bangsa akan berjalan di dalam cahayanya dan raja-raja di bumi membawa kekayaan mereka kepadanya. dan pintu-pintu gerbangnya tidak akan ditutup pada siang hari, sebab malam tidak akan ada lagi di sana; dan kekayaan dan hormat bangsa-bangsa akan dibawa kepadanya.

Bangsa-bangsa berjalan oleh cahayanya

Di sini, "bangsa-bangsa" merujuk kepada semua orang yang diselamatkan tanpa memandang latar belakang etnik mereka. Meskipun kewarganegaraan, ras, dan sifat orang-orang berbeda satu sama lain, sekali mereka diselamatkan melalui Yesus Kristus, maka mereka semua menjadi anak-anak Allah dengan kewarganegaraan surga.

Oleh karena itu, kalimat "bangsa-bangsa akan berjalan dengan cahayanya" berarti bahwa semua anak Allah akan berjalan dalam cahaya kemuliaan Allah. Meskipun demikian, tidak semua anak-anak Allah akan memiliki kemuliaan untuk dengan bebas masuk ke Kota Yerusalem Baru. Hal ini karena mereka yang tinggal di Firdaus, Kerajaan Pertama, Kedua, dan Ketiga Surga hanya dapat masuk ke Yerusalem Baru berdasarkan undangan. Hanya mereka yang telah disucikan sepenuhnya dan setia dalam semua rumah Allah dapat memiliki kehormatan untuk melihat Allah Bapa secara langsung di Yerusalem Baru selamanya.

Raja-raja di dunia akan membawa kemuliaan mereka

Kalimat "raja-raja dunia" merujuk pada orang-orang yang dulunya merupakan pemimpin rohani di dunia ini. Mereka bersinar seperti permata dari dua belas pondasi dinding Yerusalem Baru dan memenuhi persyaratan untuk terus-menerus tinggal di Kota tersebut. Serupa itu, mereka yang diakui oleh Allah, saat mereka berdiri menghadap Allah, akan membawa serta persembahan yang telah dipersiapkan dengan sepenuh hati. Dengan "persembahan" maksud saya adalah segala hal yang dengannya mereka memberikan kemuliaan kepada Allah dengan hati mereka yang murni dan bening seperti kristal.

Oleh karena itu, "raja-raja dunia akan membawa serta kemuliaan mereka ke dalam surga" maksudnya adalah mereka akan menyiapkan persembahan semua hal yang telah mereka kerjakan dengan kesulitan yang dihadapi untuk kerajaan Allah dan memberikan kemuliaan untuk-Nya, dan masuk ke Yerusalem Baru dengan mereka.

Raja-raja di dunia ini memberikan persembahan kepada raja-raja dari bangsa yang lebih besar dan lebih kuat dengan tujuan untuk menyanjung mereka, tapi persembahan untuk Allah diberikan dengan kegembiraan karena telah membimbing mereka menuju jalan keselamatan dan kehidupan kekal. Allah menerima persembahan ini dengan gembira dan memberikan upah dengan kehormatan untuk tinggal selamanya di Kota Yerusalem Baru.

Di Yerusalem Baru, tidak ada kegelapan karena Allah, yang merupakan terang itu sendiri, tinggal di sana. Karena di sana tidak ada malam, kejahatan, kematian, atau pencuri, maka tidak perlu untuk menutup gerbang Yerusalem Baru. Tapi, alasan kenapa ayat-ayat mengatakan "siang hari" adalah karena kita memiliki pengetahuan dan kemampuan yang terbatas untuk memahami surga sepenuhnya.

Membawa kemuliaan dan kehormatan bangsa-bangsa

Kemudian, apa arti kalimat "mereka akan memberikan kemuliaan dan kehormatan bangsa-bangsa ke dalamnya"? "Mereka" di sini merujuk pada semua orang yang menerima keselamatan di antara semua bangsa di dunia, dan "mereka akan membawa kemuliaan dan kehormatan bangsa-bangsa kedalamnya" maksudnya adalah bahwa orang-orang ini akan masuk ke Yerusalem Baru bersama hal-hal yang dengannya mereka memberikan kemuliaan kepada Allah, sambil memancarkan aroma Yesus Kristus di dunia ini.

Apabila seorang anak belajar keras dan peringkatnya naik, maka ia akan membanggakannya kepada orangtuanya. Orangtuanya akan menjadi senang dengannya karena mereka akan bangga dengan kerja keras anak mereka, meskipun mungkin saja anak tersebut tidak mendapatkan hasil yang terbaik. Dengan cara yang sama, sampai pada batas tertentu kita berbuat dengan iman untuk kerajaan Allah di dunia ini, kita memancarkan aroma Yesus Kristus dan memberikan kemuliaan kepada Allah, dan Ia menerima hal ini dengan gembira.

Hal ini telah dijelaskan di atas bahwa "raja-raja dunia akan membawa kemuliaan mereka ke dalam surga", dan alasan kenapa dikatakan "raja-raja dunia" adalah untuk memperlihatkan secara rohani tingkat atau peringkat orang-orang yang datang kepada Allah.

Mereka yang memenuhi syarat untuk tinggal di Yerusalem Baru selamanya dengan kemuliaan seperti matahari akan datang kepada Allah di tempat pertama, diikuti oleh mereka yang diselamatkan dari segala bangsa sesuai dengan kemuliaannya. Kita harus menyadari bahwa apabila kita tidak memiliki persyaratan untuk hidup di Yerusalem Baru selamanya, kita dapat mengunjungi kota tersebut hanya sekali-sekali.

Mereka yang tidak akan pernah masuk ke Yerusalem Baru

Allah kasih menghendaki setiap orang untuk menerima keselamatan dan memberikan upah kepada setiap orang dengan tempat tinggal dan hadiah surgawi sesuai dengan perbuatan mereka. Itulah kenapa mereka yang tidak memiliki persyaratan untuk masuk ke Yerusalem Baru akan masuk ke Kerajaan Pertama, Kedua, Ketiga atau Firdaus sesuai dengan ukuran iman mereka. Allah menggelar perjamuan istimewa dan mengundang mereka ke Yerusalem Baru sehingga mereka juga dapat menikmati kemegahan Kota tersebut.

Meskipun demikian, Anda dapat melihat bahwa di sana ada sebagian orang yang tidak akan pernah masuk ke Yerusalem Baru bahkan apabila Allah bermurah hati kepada mereka. Yaitu, mereka yang tidak menerima keselamatan tidak akan pernah melihat kemuliaan Yerusalem Baru.

Tetapi tidak akan masuk ke dalamnya sesuatu yang najis, atau orang yang melakukan kekejian atau dusta, tetapi hanya mereka yang namanya tertulis di dalam kitab kehidupan Anak Domba itu. (Wahyu 21:27).

"Najis" di sini merujuk pada menilai dan mengutuk orang lain, dan mencari keuntungan dan kepentingan pribadi. Orang seperti ini menilai dan mengutuk orang lain sesuai keinginan sendiri, bukannya malah memahami mereka. "Kekejian" di sini merujuk pada semua perbuatan yang berasal dari hati yang keji dengan cara yang mendua. Karena orang-orang seperti ini memiliki hati dan pikiran yang berubah-ubah, mereka hanya bersyukur apabila mereka menerima jawaban atas dosa mereka, tapi kemudian mengeluh dan menyesal apabila mereka menghadapi cobaan. Serupa itu, orang-orang dengan hati malu mengkhianati hati nurani mereka dan tidak ragu mengubah pikiran mereka untuk mengejar keuntungan pribadi.

Orang "pendusta" adalah orang yang menipu dirinya sendiri dan hati nuraninya, dan kita harus mengetahui bahwa jenis tipu daya ini adalah jebakan Setan. Ada sebagian pembohong yang terbiasa berbohong dan sebagian lain mengatakan kebohongan untuk kebaikan orang lain, tapi Allah menghendaki kita untuk menyingkirkan jauh-jauh bahkan jenis kebohongan seperti ini. Ada sebagian orang yang melakukan sesuatu yang membahayakan orang lain dengan memberikan kesaksian palsu, dan orang seperti ini yang menipu orang lain dengan kejahatan yang ada tidak akan diselamatkan. Selain itu, mereka yang menipu Roh Kudus atau dalam pekerjaan Allah juga dianggap sebagai "pendusta". Yudas Iskariot, salah satu dari dua belas murid Yesus, bertugas membawa kantung uang dan curang dalam pekerjaan Allah dengan mencuri dari harta tersebut, dan melakukan dosa lainnya. Saat Setan akhirnya masuk kedalamnya, ia menjual Yesus sebesar tiga puluh keping perak dan dibuang selama-lamanya.

Ada sebagian orang yang melihat orang sakit disembuhkan dan roh jahat diusir keluar oleh Roh Kudus dalam kuasa Allah, tapi tetap menyangkal pekerjaan ini dan malah mengatakan bahwa pekerjaan tersebut adalah pekerjaan Setan. Orang-orang ini tidak dapat masuk ke surga karena mereka menghujat dan berbicara menghujat Roh Kudus. Kita tidak boleh mengatakan kebohongan dalam keadaan apapun dalam pandangan Allah.

Menghapus nama dari Buku Kehidupan

Apabila kita diselamatkan oleh iman, nama kita dicatat dalam Kitab Kehidupan Anak Domba (Wahyu 3:5). Tapi, ini tidak berarti bahwa setiap orang yang menerima Yesus Kristus akan diselamatkan. Kita akan diselamatkan hanya apabila kita berbuat sesuai dengan Firman Allah dan menyerupai hati Tuhan dengan menyunat hati kita. Apabila kita tetap berbuat dalam kesesatan bahkan setelah menerima Yesus Kristus, nama kita akan dihapus dari Kitab Kehidupan dan pada akhirnya malah tidak akan menerima keselamatan.

Mengenai ini, Wahyu 22:14-15 mengatakan kepada kita bahwa diberkatilah mereka yang membasuh jubah mereka, dan mereka yang tidak membasuh jubah mereka tidak akan diselamatkan:

Berbahagialah mereka yang membasuh jubahnya. Mereka akan memperoleh hak atas pohon-pohon kehidupan dan masuk melalui pintu-pintu gerbang ke dalam kota itu. Tetapi anjing-anjing dan tukang-tukang sihir, orang-orang sundal, orang-orang pembunuh, penyembah-penyembah berhala dan setiap orang yang mencintai dusta dan yang melakukannya, tinggal di luar.

"Anjing" di sini merujuk pada orang-orang yang melakukan kesesatan berulang kali. Mereka yang tidak berpaling dari perbuatan jahat mereka tapi tetap mengulanginya tidak akan pernah diselamatkan. Mereka seperti anjing yang kembali lagi ke muntahannya dan benih, setelah dibasuh, kembali ke kubangan lumpur. Hal ini karena mereka terlihat telah menyingkirkan kejahatan mereka, tapi mengulanginya lagi, dan mereka terlihat

149

telah menjadi baik, tapi kembali menjadi jahat.

Meskipun demikian, Allah mengakui iman mereka yang tegas berbuat baik bahkan apabila mereka masih belum berbuat sepenuhnya sesuai dengan firman Allah. Mereka pada akhirnya akan diselamatkan karena mereka masih berubah dan Allah menghargai upaya iman mereka.

"Tukang sihir" di sini merujuk kepada "mereka yang melakukan kegiatan sihir". Mereka berbuat keburukan, dan membuat orang lain menyembah allah-allah palsu. Hal ini amat sangat buruk bagi Allah.

"Orang tidak bermoral" melakukan kecabulan bahkan apabila ia memiliki suami/istri. Tidak hanya terdapat kecabulan fisik tapi juga ada kecabulan rohani, yaitu mengasihi sesuatu lebih dibanding Allah. Apabila seseorang dengan jelas mengalami Allah yang hidup dan menyadari kasih-Nya masih tetap berpaling untuk mengasihi hal-hal duniawi seperti uang atau keluarganya lebih dibanding ia mengasihi Allah, orang tersebut melakukan kecabulan rohani dan hal ini tidak benar di mata Allah.

"Pembunuh" melakukan pembunuhan fisik dan rohani. Apabila Anda mengetahui arti rohani dari "pembunuhan", Anda mungkin tidak akan mampu dengan tegas mengatakan bahwa Anda tidak pernah membunuh siapapun. Pembunuhan rohani adalah menyebabkan anak-anak Allah melakukan dosa dan kehilangan kehidupan rohani mereka (Matius 18:7). Apabila Anda menyebabkan penderitaan kepada orang lain dengan apapun yang bertentangan dengan kebenaran, ini juga merupakan pembunuhan rohani (Matius 5:21-22).

Juga, hal-hal ini semua adalah pembunuhan yaitu membenci, iri, dengki, menilai, menghujat, membantah, marah, curang, bohong, bertikai dan pecah, fitnah, dan menjadi tanpa kasih dan tanpa kemurahan hati. (Galatia 5:19-21). Terkadang, ada sebagian orang yang kehilangan pijakan mereka akibat kejahatannya sendiri. Sebagai contoh, apabila mereka meninggalkan Allah karena mereka dikecewakan oleh seseorang di dalam gereja, ini adalah kejahatan mereka sendiri. Apabila mereka sungguh-sungguh percaya dalam Allah, mereka tidak akan pernah kehilangan pijakan.

Juga "penyembah berhala" adalah satu hal yang paling dibenci Allah. Dalam penyembahan berhala, terdapat penyembahan berhala fisik dan penyembahan berhala rohani. Penyembahan berhala secara fisik adalah membuat allah tanpa bentuk sebagai gambaran dan menyembahnya (Yesaya 46:6-7). Penyembahan berhala secara rohani adalah apa pun yang Anda kasihi lebih dari pada mengasihi Allah. Apabila seseorang mengasihi pasangan, atau anaknya melebihi kasihnya kepada Allah untuk mengejar keinginannya sendiri, atau melanggar perintah Allah dengan mengasihi uang, ketenaran, atau pengetahuan lebih dari kasihnya kepada Allah, ini adalah penyembahan berhala secara rohani.

Orang-orang seperti ini, tidak peduli seberapa sering mereka memanggil "Tuhan, Tuhan" dan menghadiri kebaktian gereja, tidak dapat diselamatkan dan masuk ke surga karena mereka tidak mengasihi Allah.

Oleh karena itu pabila Anda menerima Yesus Kristus, menerima Roh Kudus, sebagai anugerah Allah, dan nama Anda dicatat dalam Kitab Kehidupan Anak Domba, tolong ingat bahwa Anda dapat masuk ke surga dan menuju Yerusalem Baru hanya apabila Anda berbuat sesuai dengan Firman Allah.

Yerusalem Baru adalah tempat di mana hanya mereka yang dikuduskan sepenuhnya dalam hati mereka dan setia di dalam semua rumah Allah yang dapat masuk kedalamnya.

Di satu sisi, mereka yang masuk ke Yerusalem Baru dapat bertemu Allah secara langsung, berbicara dengan penuh kasih kepada Tuhan, dan menikmati berbagai kemuliaan dan kehormatan yang tidak terbayangkan. Di sisi lain, mereka yang tinggal di Firdaus, Kerajaan Pertama, Kedua, atau Ketiga Surga dapat mengunjungi Kota Yerusalem Baru hanya apabila mereka diundang untuk perjamuan khusus termasuk perjamuan yang digelar oleh Allah Bapa.

Saya berdoa dalam nama Tuhan Yesus Kristus bahwa Anda akan menjadi anak sejati Allah yang melakukan pertempuran yang baik melawan dosa dan kejahatan sampai titik menumpahkan darah, menyempurnakan pengudusan dalam hati, dan setia di dalam semua rumah Allah sehingga Anda dapat tinggal di Yerusalem Baru selamanya.

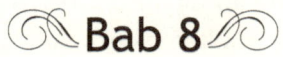

Bab 8

"Saya melihat Kota Suci, Yerusalem Baru"

Berbahagialah kamu,
jika karena Aku kamu dicela dan dianiaya
dan kepadamu difitnahkan segala yang jahat.
Bersukacita dan bergembiralah,
karena upahmu besar di sorga;
sebab demikian juga telah dianiaya
nabi-nabi yang sebelum kamu.

- Matius 5:11-12

Di dalam Kota Yerusalem Baru, rumah-rumah surgawi sedang dibangun sehingga orang-orang yang hatinya menyerupai hati Allah sepenuhnya akan hidup di sana nantinya. Sesuai dengan selera masing-masing pemiliknya, rumah-rumah tersebut sedang dibangun oleh malaikat-malaikat yang bertugas dalam pembangunan, dengan Tuhan sebagai pengawas. Ini adalah hak istimewa, hanya mereka yang masuk Yerusalem Baru yang dapat menikmatinya. Terkadang, Allah sendiri yang memberikan perintah kepada para malaikat untuk membangun sebuah rumah secara khusus untuk orang tertentu sehingga rumah tersebut dapat dibuat sesuai dengan cita rasa pemiliknya. Ia tidak melupakan bahkan setetes air mata anak-anak-Nya yang tertumpah untuk kerajaan Allah dan memberikan upah mereka dengan batu mulia yang indah.

Seperti kita temukan dalam Matius 11:12, Allah dengan jelas mengatakan kepada kita bahwa sampai batas di mana kita menang dalam pertempuran rohani dan menjadi dewasa dalam iman, maka kita dapat memiliki tempat tinggal surgawi yang lebih indah:

Sejak tampilnya Yohanes pembaptis hingga sekarang, kerajaan sorga diserong dengan kekerasan, dan orang yang keras mencoba menguasainya dengan paksa.

Allah kasih, selama bertahun-tahun telah membimbing kita untuk maju ke surga dengan paksa, memperlihatkan rumah-rumah surgawi Yerusalem Baru dengan jelas. Karena sudah sangat dekat waktunya untuk Tuhan, yang mempersiapkan tempat untuk kita, datang kembali.

Saya berharap Anda akan menyadari kasih Allah yang memberi upah kepada Anda dengan penuh perasaan dan kelmbutan sesuai dengan perbuatan Anda, dengan melihat rumah-rumah surgawi yang memiliki sentuhan dari Allah sendiri.

Rumah-rumah Surgawi dengan Ukuran Yang Tidak Terbayangkan

Di Yerusalem Baru, ada banyak rumah-rumah indah dengan ukuran yang tidak terbayangkan besarnya. Di tengah rumah-rumah tersebut, ada sebuah rumah megah yang indah dibangun di atas lahan yang luas. Di tengahnya terdapat kastil besar, indah dan melingkar, di sekitar kastil tersebut banyak terdapat gedung dan benda-benda untuk dinikmati atau berbagai jenis tunggangan seperti yang kita temukan di taman hiburan untuk membuat tempat tersebut seperti tempat atraksi turis yang terkenal di dunia. Yang sangat mengejutkan adalah bahwa rumah surgawi menyerupai kota ini adalah milik seseorang yang dipelihara di dunia!

Berbahagialah orang yang lemah lembut, karena mereka akan memiliki bumi.

Apabila kita memiliki kemampuan finansial di dunia ini, kita dapat membeli lahan yang luas dan membangun rumah indah di atasnya sesuai keinginan kita. Tapi, di surga, kita tidak dapat membeli lahan atau membangun rumah seberapa pun kekayaan yang kita miliki, karena Allah memberikan kita upah lahan atau rumah sesuai dengan perbuatan kita.

Matius 5:5 mengatakan, *"Diberkatilah orang-orang yang lembut hati karena mereka akan mewarisi bumi"*. Tergantung pada sampai tahap mana kita menyerupai Tuhan dan menyempurnakan kelembutan rohani di dunia ini, kita dapat "mewarisi bumi" di surga. Hal ini karena seseorang yang lemah lembut secara rohani dapat merangkul semua orang, dan mereka mereka dapat datang kepadanya dan bersandar dengan nyaman. Ia akan berada dalam damai dengan setiap orang dalam keadaan apapun karena hatinya lembut seperti bulu.

Tapi, apabila kita berkompromi dengan dunia dan menentang kebenaran untuk berdamai dengan orang lain, ini bukanlah kelembutan rohani. Seseorang yang benar-benar lembut tidak hanya dapat merangkul banyak orang dengan hati yang lembut dan hangat, tapi juga berani dan kuat untuk menghadapi resiko bahkan hidupnya sendiri untuk kebenaran.

Orang seperti ini dapat memenangkan hati banyak orang dan membimbing mereka menuju jalan keselamatan dan menuju tempat tinggal yang lebih baik karena ia memiliki kasih dan kelembutan. Itulah kenapa ia dapat memiliki sebuah rumah besar di surga. Oleh karena itu, rumah yang digambarkan tersebut adalah milik orang yang hatinya benar-benar lembut.

Rumah yang seperti kota

Di tengah rumah ini terdapat kastil besar yang dihiasi dengan banyak permata dan emas. Atapnya dibuat dengan bentuk bulat dan bersinar dengan terang. Mengelilingi kastil yang bersinar dan terang tersebut mengalirlah Sungai Air Kehidupan yang bersumber dari tahta Allah, dan banyak gedung yang membuat rumah ini seperti sebuah metropolitan. Juga, ada taman hiburan yang dihiasi dengan emas dan banyak permata.

Di salah satu sisi lahan luas tersebut terdapat hutan, tanah datar, dan sebuah danau besar, dan di sisi lainnya adalah bukit luas dengan berbagai jenis bunga dan air terjun. Juga, di sana terdapat laut yang di atasnya sebuah kapal pesiar besar seperti Titanic mengapung dan berlayar mengelilingi danau tersebut.

Sekarang, mari kita mengelilingi rumah yang sangat indah ini. Terdapat dua belas gerbang pada keempat sisinya, mari kita pergi ke gerbang utama yang dari mana kita dapat melihat kastil utama di tengahnya.

Gerbang utama ini dihiasi dengan banyak permata dan dijaga oleh dua malaikat. Mereka terlihat gagah dan sangat kuat. Mereka berdiri tanpa mengerjapkan mata, dan wibawa mereka yang besar membuat mereka terlihat sulit didekati.

Di sisi lain gerbang tegak dengan indah, pilar-pilar besar.

Dindingnya dihiasi dengan banyak permata dan bunga-bunga seperti tanpa akhir. Memasuki gerbang yang terbuka otomatis oleh malaikat, Anda dapat melihat dari jauh kastil besar dengan atap merah yang bersinar indah menerpa Anda.

Juga, dengan melihat pada banyak rumah yang berbeda ukuran dihiasi dengan banyak permata, Anda tidak dapat menguasai diri untuk tidak digerakkan lebih ke dalam oleh kasih Allah yang memberi Anda upah 30, 60, atau 100 kali lipat dari apa yang Anda lakukan dan persembahkan. Anda akan mengucapkan syukur kepada-Nya karena telah memberikan Anak tunggal-Nya untuk membimbing Anda menuju jalan keselamatan dan kehidupan kekal. Di bagian atas rumah ini, Ia juga mempersiapkan Anda rumah-rumah surgawi yang indah, dan hati Anda akan diliputi dengan kebahagiaan dan sukacita.

Juga, karena suara indah, bening dan lembut pujian-pujian dapat didengar di seluruh kastil, kebahagiaan dan sukacita meliputi roh Anda dan Anda akan dipenuhi emosi:

Jauh di kedalaman rohku malam ini
Mengalun nada yang lebih indah daripada Mazmur;
Dalam nada surgawi terus mengalir tanpa henti
Meliputi jiwaku seperti ketenangan tak terbatas.
Damai! Damai! Damai yang indah
Turun dari Bapa di atas!
Menyapu rohku selamanya aku berdoa,
Dalam gelombang kasih yang tak berdasar.

Jalanan emas yang sebening kaca

Sekarang, mari kita pergi ke kastil besar pada bagian tengahnya, berjalan di sepanjang jalan emas. Masuk ke pintu utama, pohon emas dan permata dengan buah permata yang mengundang selera menyambut para pengunjung di bagian sisi lain jalan tersebut. Para pengunjung kemudian mengambil buah tersebut. Buah tersebut meleleh dalam mulut dan sangat lezat sehingga seluruh tubuh menjadi berenergi dan bergembira.

Pada masing-masing sisi jalan emas, bunga-bunga dari berbagai warna dan ukuran menyambut dan menyapa para pengunjung dengan aroma mereka. Di belakang mereka terdapat rumput emas dan banyak jenis pohon yang melengkapi keindahan taman tersebut. Bunga-bunga indah yang berwarna pelangi terlihat seperti memancarkan cahaya, dan masing-masing bunga memancarkan aromanya yang unik. Pada sebagian bunga ini, serangga seperti kupu-kupu berwarna pelangi hinggap dan saling bercakap satu sama lain. Pada pohon-pohonnya menggantung banyak buah yang mengundang selera di antara daun-daun dan dahannya yang bersinar. Berbagai jenis burung dengan bulu berwarna emas bertengger pada pohon-pohon dan bernyanyi membuat pemandangan begitu damai dan bahagia. Di sana juga terdapat beberapa binatang yang mengembara dengan damai.

Mobil awan dan kereta emas

Sekarang Anda berdiri di gerbang kedua. Rumah tersebut sangat besar di sana terdapat gerbang lain di dalam gerbang utama. Di hadapan mata Anda adalah sebuah area luas yang menyerupai garasi yang di dalamnya banyak terdapat mobil awan dan kereta emas diparkir dan Anda diliputi oleh pemandangan yang tidak masuk akal.

Kereta emas, dihiasi dengan berlian dan permata besar, adalah untuk pemilik rumah ini. Saat bergerak, kereta tersebut bersinar seperti bintang api karena begitu banyak permata yang berkilau, dan kecepatannya jauh lebih cepat dibanding mobil awan.

Mobil awan dikelilingi oleh awan putih murni dan cahaya indah dari berbagai warna, dan memiliki empat roda dan sayap. Kendaraan tersebut berjalan dengan rodanya di atas tanah, dan saat terbang rodanya secara otomatis menarik masuk dan sayapnya membentang keluar sehingga kendaraan tersebut dapat berjalan dan terbang dengan bebas.

Betapa besar otoritas dan kehormatan yang ada untuk mengunjungi banyak tempat di surga dengan Tuhan dalam mobil awan, dikawal oleh malaikat dan penjaga surga. Apabila mobil awan diberikan untuk setiap orang yang masuk ke Yerusalem Baru, dapatkah Anda bayangkan seberapa besar pemilik rumah telah diberi upah karena di sana ada begitu banyak mobil awan di dalam garasinya?

Sebuah kastil besar di tengah-tengahnya

Saat Anda tiba di kastil besar dan indah dengan menggunakan mobil awan, Anda dapat melihat gedung tiga tingkat dengan atap sardis. Gedung ini sangat besar dan tidak dapat dibandingkan dengan gedung apapun yang ada di dunia. Terlihat bahwa seluruh kastil berputar dengan perlahan, memancarkan cahaya kemilau, dan cahaya tersebut membuat kastil terlihat seperti hidup. Emas murni dan yaspis dengan cemerlang memancarkan cahaya keemasan transparan dan bening dalam warna kebiruan. Tapi, Anda tidak dapat melihat ke dalamnya, dan kastil tersebut seperti pahatan tanpa sambungan. Dinding dan bunga-bunga yang mengelilingi dinding ini memancarkan aroma indah untuk menambah kebahagiaan dan kegembiraan yang tidak dapat dilukiskan dengan kata-kata. Bunga-bunga dari berbagai ukuran

159

membuat pemandangan mengagumkan, bentuk dan aromanya yang berbeda menciptakan kombinasi yang luar biasa.

Jadi, apa alasan khusus Allah memberikan lahan luas seperti itu dan rumah yang besar? Ini karena Allah tidak pernah melupakan apapun dengan apa yang dikerjakan anak-anak-Nya untuk kerajaan dan kebenaran-Nya di dunia ini dan memberikan mereka upah yang berlimpah.

Aku bergembira lagi dan lagi
dalam kekasih-Ku.
Orang ini sangat mengasihi-Ku
sehingga ia memberikan segalanya.
Ia mengasihi-Ku lebih dari
orangtua dan saudara-saudaranya,
juga lebih dari pada anak-anaknya sendiri,
dan ia menganggap hidupnya tidak berharga
dan membuangnya demi Aku.

Matanya selalu tertuju kepada-Ku
Ia mendengarkan Firman-Ku sepenuhnya.
Ia hanya mencari kemuliaan-Ku.
Ia selalu bersyukur
Bahkan di saat ia menderita ketidak adilan.
Bahkan di tengah-tengah aniaya,
ia berdoa dalam kasih
bagi orang-orang yang menganiaya dia.
Ia tidak pernah meninggalkan siapa pun
walaupun orang itu mengkhianatinya.
Ia melaksanakan kewajibannya dengan sukacita
bahkan di saat ia mengalami kesedihan yang tak tertahankan.
Dan ia menyelamatkan banyak jiwa

dan sepenuhnya melakukan kehendak-Ku,
memiliki hati-Ku.

Karena ia melakukan kehendak-Ku
dan sangat mengasihi-Ku,
Aku telah menyiapkan
rumah besar dan megah ini
Di Yerusalem Baru.

Istana Megah dengan Privasi Total

Seperti yang Anda bisa lihat, ada sentuhan Allah khususnya di rumah-rumah orang yang sangat dikasihi oleh-Nya. Maka rumah-rumah tersebut memiliki tingkat keindahan dan cahaya kemuliaan yang berbeda dari rumah lainnya bahkan di dalam Yerusalem Baru.

Istana besar yang ada di tengah-tengah adalah tempat di mana pemiliknya dapat menikmati privasi total. Ini untuk membalas pekerjaan dan doa-doanya yang berurai airmata dalam memperjuangkan kerajaan Allah dan karena ia memelihara jiwa-jiwa sepanjang siang dan malam tanpa dapat menikmati kehidupan pribadi.

Struktur utaman istananya memiliki rumah utama di tengah istana, dan istana ini memiliki dua lapis tembok. Ada dinding tambahan di bagian tengah antara rumah utama di tengah dan dinding luar. Jadi, seluruh istana ini dibagi menjadi istana bagian dalam dan istana bagian luar, yang dari rumah utama ke dinding pusat dan dari dinding tengah ke dinding luar.

Karenanya, untuk dapat mencapai rumah utama istana ini,

kita harus melewati gerbang utama dan kemudian gerbang lainnya sekali lagi di dinding tengah. Di dinding luar ada banyak pintu gerbang dan gerbang yang sejajar dengan bagian depan dari rumah utama adalah gerbang utamanya. Gerbang utama dihiasi dengan berbagai batu mulia dan ada dua malaikat yang menjaganya. Dua malaikat ini memiliki wajah yang maskulin dan mereka terlihat sangat kuat. Mereka bahkan tidak akan menggerakkan mata mereka saat berjaga, dan kita dapat merasakan wibawanya.

Di sisi lain gerbang utama ada pilar silinder besar. Dindingnya dihiasi dengan permata dan bunga, dan sangat panjang sehingga kita tak dapat melihat ujungnya. Saat dipandu oleh malaikat, kita masuk ke gerbang utama yang terbuka secara otomatis, cahaya cemerlang dan indah menyinari kita. Dan ada jalan emas yang seperti kristal terbentang langsung menuju gerbang utama.

Saat kita berjalan melalui jalan emas ini, kita akan mencapai gerbang kedua. Gerbang ini terletak di dinding tengah yang memisahkan istana dalam dan istana luar. Saat kita melewati gerbang kedua, ada tempat seperti lapangan parkir yang sangat besar di bumi. Di sini, ada banyak sekali mobil seperti awan yang diparkir. Ada juga kereta emas di antara mobil-mobil awan tersebut.

Rumah utama istana ini lebih besar dari bangunan apa pun yang ada di bumi. Ini merupakan bangunan tiga-lantai. Masing-masing lantai bangunan ini berbentuk silinder, dan area setiap lantai semakin kecil saat Anda naik semakin tinggi. Atapnya seperti kubah berbentuk-bawang.

Dinding rumah utama terbuat dari emas murni dan yaspis. Sehingga, cahaya kebiruan dan cahaya emas transparan yang jernih mengeluarkan sinar indah yang selaras. Sinarnya begitu kuat sehingga rasanya rumah itu sendiri seperti hidup dan bergerak. Seluruh bangunan itu mengeluarkan cahaya yang cemerlang dan terlihat seolah berputar perlahan.

Sekarang, mari kita masuk ke dalam kastil ini!

Ada dua belas gerbang untuk masuk ke rumah utama kastil

Rumah utama ini memiliki dua belas gerbang untuk masuk. Karena ukuran rumah utama yang begitu besar, jarak dari satu gerbang ke gerbang lainnya cukup jauh. Gerbangnya berbentuk seperti busur, dan masing-masing memiliki pahatan gambar kunci. Di bawah gambar kunci itu terukir nama gerbang tersebut dalam huruf surgawi. Huruf-huruf ini diukir bertatahkan permata, dan setiap gerbang dihiasi oleh jenis batu permata tersebut.

Di bawahnya ada penjelasan mengapa gerbang tersebut dinamai demikian. Allah Bapa telah merangkum apa saja yang telah dilakukan oleh pemilik rumah ini semasa hidupnya di bumi dan mengungkapkannya pada kedua belas gebrang tersebut.

Gerbang pertama adalah 'Gerbang Keselamatan'. Di situ ada penjelasan tentang bagaimana pemilik rumah ini menjadi gembala begitu banyak orang dan membimbing tak terhitung jiwa-jiwa di seluruh dunia pada keselamatan. Di sebelah Gerbang Keselamatan ada 'Gerbang Yerusalem Baru'. Di bawah nama gerbang tersebut ada penjelasan bahwa pemilik rumah membimbing begitu banyak jiwa ke dalam Yerusalem Baru.

Berikutnya adalah 'Gerbang Kuasa.' Pertama, ada empat gerbang untuk empat tingkat kuasa, dan kemudian, ada Gerbang Kuasa Penciptaan dan Gerbang Kuasa Tertinggi Penciptaan. Di gerbang-gerbang ini ada penjelasan tentang bagaimana masing-masing kuasa menyembuhkan banyak orang dan memuliakan Allah.

Yang kesembilan adalah 'Gerbang Wahyu', dan gerbang ini memiliki penjelasan bahwa sang pemilik rumah menerima begitu banyak Wahyu dan menjelaskan Alkitab dengan begitu jelas. Yang kesepuluh adalah 'Gerbang Pencapaian'. Ini untuk merayakan pencapaian-pencapaian seperi pembangunan Bait Agung.

Yang kesebelas adalah 'Gerbang Doa'. Gerbang ini memberi tahu kita bagaimana pemilik rumah berdoa dengan seluruh hidupnya untuk memenuhi kehendak Allah dengan kasihnya kepada Allah, dan bagaimana ia berduka dan berdoa untuk jiwa-jiwa.

Gerbang kedua belas dan terakhir memiliki arti 'Menang terhadap musuh, Iblis'. Ini memiliki penjelasan bahwa sang pemilik rumah mengatasi segalanya dengan iman dan kasih, saat musuh, Iblis, mencoba menyakitinya dan membawanya pada keputusasaan.

Prasasti dan desain istimewa pada dindingnya

Dinding tersebut, dibuat dari emas murni dan yaspis, penuh desain dengan tulisan dan gambar yang berkumandang. Setiap detil tentang penganiayaan dan penghinaan yang ia hadapi untuk kerajaan Allah, dan semua perbuatan yang dengannya ia memuliakan Tuhan dicatat. Yang lebih menakjubkan adalah bahwa Allah sendiri yang mengukir tulisan dalam puisi dan surat-surat yang memancarkan cahaya indah dan kemilau. Kastil tersebut memiliki dua belas gerbang sehingga orang-orang dapat masuk dari semua sisinya yang berjumlah empat, dan sebuah rahasia tersimpan di dalam masing-masing gerbang. Di sana terdapat kunci iman, kasih, dan penginjilan, dan lain-lain, dan anak kunci yang berbeda disisipkan ke dalam masing-masing lubang kunci.

Apabila Anda masuk ke dalam kastil setelah melewati gerbang ini, Anda melihat benda-benda yang lebih indah dibanding dengan apa yang Anda lihat di luar. Cahaya dari permata saling menimpa dua atau tiga kali untuk membuatnya terlihat semakin indah.

Prasasti tentang air mata, usaha keras, dan upaya pemilik rumah ketika di dunia dipahat pada dinding dalam dan prasasti ini memancarkan cahaya kemilau. Saat-saat upaya kerasnya berdoa sepanjang malam untuk kerajaan Allah dan aroma murni dari memberikan dirinya sendiri sebagai minuman persembahan untuk jiwa-jiwa dicatat sebagai puisi dan memancarkan cahaya yang indah.

Tapi, Allah Bapa telah menyembunyikan hampir semua detil prasasti sehingga Allah sendiri dapat memperlihatkannya kepada pemilik rumah saat ia tiba di tempat ini. Ini supaya Allah dapat menerima hatinya yang memuliakan Bapa dengan emosi mendalam dan mencucurkan air mata saat Ia memperlihatkan tulisan ini kepadanya, dengan berkata, "Aku telah mempersiapkan ini untukmu".

Bahkan di dunia ini, saat kita mengasihi seseorang, sebagian orang berulang kali menuliskan nama orang tersebut. Mereka menuliskan namanya dalam catatan atau di buku harian, di pantai, atau bahkan diukir di pohon atau dipahat di batu. Mereka tidak tahu bagaimana mengungkapkan kasih mereka sehingga mereka terus saja menuliskan nama orang yang mereka kasihi.

Demikian juga halnya, ada pelat emas berbentuk kotak yang hanya memiliki tiga kata. Ketiga kata tersebut adalah: 'Bapa', 'Tuhan', dan 'Saya'. "Bapa, Tuhan, Saya." Pemilik rumah tidak dapat mengungkapkan kasihnya kepada Bapa dan Tuhan dengan kata-kata. Itu menunjukkan hatinya seperti ini.

Pertemuan dan perjamuan di lantai pertama

Kastil ini tidak dibuka untuk orang lain setiap saat, tapi dibuka pada saat tertentu apabila diadakan perjamuan atau pesta dansa di sini. Di sana terdapat aula yang sangat besar yang di dalamnya begitu banyak orang dapat berkumpul dan mengadakan perjamuan. Aula ini juga digunakan sebagai tempat pertemuan yang di dalamnya pemilik rumah berbagi kasih dan kegembiraan, bercakap-cakap dengan para tamu.

Aula tersebut berbentuk bulat dan sangat besar sehingga Anda tidak dapat melihat ujung yang satu dari ujung yang lain. Lantainya berwarna keputihan dan sangat lembut. Terdapat banyak permata dan bersinar kemilau. Di bagian tengah aula terdapat kandelar (gantungan lilin / lampu gantung) bertingkat tiga untuk menambah mewah ruangan, dan terdapat lebih banyak kandelar emas dengan berbagai ukuran pada sisi-sisi dindingnya untuk menambah keindahan aula. Juga, pada bagian tengah aula terdapat podium bulat, dan banyak meja ditempatkan dalam berbagai lapisan mengelilingi podium. Mereka yang diundang mengambil tempat duduk sesuai tatanan dan bercakap-cakap dengan akrab.

Semua dekorasi di dalam gedung dibuat sesuai dengan cita rasa pemiliknya, cahaya dan bentuknya sangat indah dan menawan. Masing-masing permata yang ada didalamnya memiliki sentuhan Allah, dan merupakan kehormatan diundang ke perjamuan ini yang digelar oleh pemilik rumah.

Ruang rahasia dan ruang resepsi pada lantai kedua

Pada lantai kedua dari kastil besar ini, terdapat banyak ruang dan masing-masing ruang memiliki rahasia, hanya diungkapkan sepenuhnya di surga, di manaAllah memberikan upah sesuai dengan perbuatan pemiliknya. Ruangan tertentu memiliki begitu banyak mahkota dari berbagai jenis, seperti museum dari bermacam rupa. Banyak mahkota termasuk mahkota emas, mahkota berhias emas, mahkota kristal, mahkota mutiara, mahkota berhias bunga, dan banyak mahkota lainnya yang dihiasi dengan banyak jenis permata yang tertata rapi ditempatnya. Mahkota ini diberikan setiap kali pemiliknya menyelesaikan kerajaan Allah dan memberikan kemuliaan kepada Allah di dunia ini, ukuran dan bentuknya, material dan dekorasinya semua berbeda untuk memperlihatkan perbedaan kehormatan. Juga, terdapat ruang besar yang berfungsi sebagai kamar mandi untuk berganti pakaian dan untuk menjaga perhiasan permata, dan tempat tersebut dirawat dengan perhatian khusus oleh para malaikat.

Di sana juga terdapat ruangan sederhana tanpa banyak hiasan disebut "Ruang Doa". Ini diberikan karena pemiliknya telah banyak berdoa di dunia ini. Selain itu, terdapat ruang dengan beberapa perangkat televisi. Ruang ini disebut "Ruang Penderitaan dan Duka Cita" dan di sini pemiliknya dapat menyaksikan semua hal tentang kehidupan duniawinya kapanpun ia mau. Allah telah memelihara setiap peristiwa dan bahkan kehidupan pemiliknya karena ia sangat menderita ketika melakukan pekerjaan Allah dan pelayanan dan menumpahkan banyak air mata untuk jiwa-jiwa tersebut.

Di sana juga terdapat tempat yang dihiasi dengan indah untuk menerima nabi-nabi pada lantai kedua, yang didalamnya pemilik rumah dapat berbagi kasih dan akrab bercakap-cakap dengan mereka. Ia dapat menemui nabi-nabi seperti Elia yang naik ke surga dengan menggunakan kereta dan kuda api, Henokh yang berjalan bersama Allah selama 300 tahun, Abraham yang memperkenankan Allah dengan iman, Musa yang lebih rendah hati dari siapapun di muka bumi ini, rasul Paulus yang semangatnya paling berkobar, dan beristirahat, serta menikmati percakapan dengan mereka mengenai kehidupan mereka dan keadaan di dunia.

Lantai ketiga disediakan untuk berbagi kasih dengan Tuhan

Lantai ketiga dari kastil besar ini dihiasi dengan sangat menakjubkan untuk menerima Tuhan dan bercakap-cakap penuh kasih selama dan sebanyak mungkin. Ini diberikan karena pemilik rumah mengasihi Tuhan lebih dari apapun, dan berusaha untuk menyerupai perbuatan-Nya dengan membaca Empat Injil, melayani dan mengasihi setiap orang seperti yang dilakukan Tuhan yang melayani murid-murid-Nya. Selain itu, ia berdoa dengan meneteskan banyak air mata untuk membimbing begitu banyak jiwa menuju jalan keselamatan dengan menerima kuasa Allah seperti yang dilakukan Tuhan dan secara nyata memperlihatkan bukti yang tidak terhitung banyaknya tentang Allah yang hidup. Air matanya tumpah kapanpun ia memikirkan Tuhan, dan bermalam-malam ia tidak dapat tidur karena ia sungguh-sungguh merindukan Tuhan. Juga, seperti Tuhan yang berdoa sepanjang malam, pemilik rumah tersebut berdoa sepanjang malam dan berusaha melakukan yang terbaik untuk menyelesaikan sepenuhnya kerajaan Allah.

Betapa gembira dan bahagianya apabila ia dapat bertemu Tuhan secara langsung dan berbagi kasih dengan-Nya di Yerusalem Baru!

Aku dapat melihat Tuhanku!
Aku dapat menempatkan cahaya mata-Nya
pada milikku,
aku dapat menempatkan senyum lembut-Nya di dalam hatiku,
dan semua ini adalah kegembiraan besar untukku.

Tuhanku,
betapa aku mencintai-Mu!
Engkau telah melihat segalanya
dan Engkau mengetahui segalanya.
Sekarang aku mendapatkan kegembiraan besar
karena mampu untuk mengungkapkan kasihku.
Aku mengasihi-Mu, Tuhan.
Aku sangat merindukan-Mu.

Percakapan dengan Tuhan tidak akan pernah membosankan atau melelahkan.

Allah Bapa, yang menerima kasih ini, menghiasi interior, ornamen, dan permata dengan sangat indah pada lantai ketiga dari rumah megah ini. Kerumitan dan kemegahannya tidak dapat dilukiskan, dan tingkat cahayanya sangat istimewa. Dengan demikian, Anda dapat merasakan keadilan dan kasih lembut Allah yang memberi upah kepada Anda sesuai dengan perbuatan Anda hanya dengan melihat sekilas rumah-rumah yang ada di surga.

Titik Untuk Melihat Pemandangan Surga

Apalagi yang ada di sekitar kastil besar tersebut? Apabila saya berusaha untuk menggambarkan rumah yang seperti kota ini, maka lebih dari cukup untuk menulis sebuah buku. Mengelilingi kastil tersebut sebuah taman besar dan berbagai jenis bangunan yang dihiasi dengan indah berdiri dalam harmoni. Fasilitas seperti kolam renang, taman hiburan, pondok, dan rumah opera membuat rumah ini terlihat seperti tempat pertunjukan besar untuk turis.

Allah memberi upah sesuai dengan perbuatan seseorang

Alasan pemilik rumah dapat memiliki rumah seperti ini dengan banyak fasilitas adalah karena ia mencurahkan seluruh tubuh, pikiran, waktu dan uang untuk Allah selama berada di dunia ini. Allah memberikan upah untuk segala hal yang ia lakukan bagi kerajaan Allah termasuk membimbing begitu banyak jiwa menuju jalan keselamatan dan membangun gereja Allah. Allah lebih dari mampu untuk memberi kita tidak hanya apa yang kita minta tapi juga apa yang kita inginkan dalam hati. Kita melihat bahwa Allah mampu untuk merancang dengan jauh lebih indah dan sempurna dibandingkan dengan arsitek atau perencana kota yang ada di dunia, dan memperlihatkan kesatuan dan perbedaan secara bersamaan.

Di dunia ini, kita dapat memiliki apapun yang kita mau, hampir setiap saat, apabila kita memiliki cukup uang. Tapi, di surga tidak seperti itu. Rumah untuk tinggal, pakaian, permata, mahkota, atau bahkan malaikat pelayan tidak dapat dibeli atau disewa, tapi hanya diberikan sesuai dengan ukuran iman seseorang dan keimanannya kepada kerajaan Allah.

Seperti kita temukan dalam Ibrani 8:5 *"Pelayanan mereka adalah gambaran dan bayangan dari apa yang ada di sorga, sama seperti yang diberitahukan kepada Musa, ketika ia hendak mendirikan kemah"*, dunia ini adalah bayangan surga dan hampir semua binatang, tanaman, dan sumber daya alam yang ada di dunia ditemukan juga di surga. Hanya benda-benda tersebut jauh lebih indah dibanding dengan apa yang ada di dunia.

Mari kita jelajahi taman yang dipenuhi dengan begitu banyak bunga dan tanaman.

Tempat-tempat penyembahan dan Bait Agung

Di bawah kastil di bagian tengahnya, ada halaman dalam besar dengan banyak sekali bunga dan pepohonan yang menciptakan pemandangan sungguh indah. Di masing-masing sisi kastil ada tempat penyembahan besar di mana orang dapat memuliakan Allah dari waktu ke waktu dengan pujian. Rumah surgawi ini, yang sungguh tak terbayangkan besarnya, sama seperti tempat wisata terkenal yang dilengkapi dengan sangat banyak fasilitas, dan karena butuh waktu lama bagi orang-orang untuk mengelilingi rumah tersebut, ada tempat-tempat penyembahan di mana mereka dapat beristirahat.

Penyembahan di surga sama sekali berbeda dari yang biasa kita lakukan di bumi. Anda tidak terikat pada formalitas, melainkan dapat memberi kemuliaan kepada Allah dengan lagu-lagu baru. Jika Anda menyanyikan kemuliaan Bapa dan kasih

Tuhan, Anda akan disegarkan saat Anda menerima kepenuhan Roh Kudus. Kemudian Anda akan memiliki emosi lebih dalam di hati Anda dan akan dipenuhi dengan syukur dan sukacita.

Selain bait-bait ini, kastil tersebut juga memiliki bangunan yang bentuknya sama persis seperti bait yang ada di bumi. Saat hidup di bumi, pemilik kastil ini telah menerima tugas dari Allah Bapa untuk membangun bait agung dan besar, dan bait yang sama juga dibangun di Yerusalem Baru.

Sama seperti Daud di Perjanjian Baru, pemilik kastil ini juga merindukan Bait Allah. Ada begitu banyak bangunan di dunia ini, tetapi tidak ada bangunan yang sungguh menunjukkan wibawa dan kemuliaan Allah. Ia selalu menyesalkan hal ini.

Ia sungguh-sungguh berjuang untuk membangun bait yang hanya untuk Allah Pencipta. Allah Bapa menerima hati yang penuh kerinduan ini dan menerangkan kepadanya dengan detil tentang bentuk, ukuran, dekorasi, dan bahkan struktur interior bait tersebut. Ini mustahil dapat dilakukan dengan pemikiran manusia, tetapi ia hanya berbuat dengan iman, pengharapan, dan kasih; dan akhirnya Bait Agung dibuat.

Bait Agung ini bukan hanya bangunan yang besar dan megah. Ini adalah airmata kristal dari energi orang-orang percaya yang sungguh mengasihi Allah. Agar bait ini dapat dibangun, harta dunia harus dimanfaatkan. Hati raja bangsa-bangsa harus digerakkan. Dan untuk melakukan ini, yang paling dibutuhkan adalah pekerja penuh kuasa Allah yang melampaui imajinasi manusia.

Pemilik kastil ini mengatasi berbagai pertempuran rohani sendiri untuk menerima kuasa seperti ini. Ia percaya kepada Allah yang membuat hal-hal mustahil menjadi mungkin hanya dengan kebaikan, kasih, dan ketaatan. Ia berdoa terus-menerus, dan sebagai hasilnya, ia membangun Bait Agung yang diterima

Allah dengan sukacita.

Allah Bapa yang mengetahui semua ini juga membangun reproduksi Bait Agungnya dikastil orang ini. Tentu saja, Bait Agung di surga dibangun dengan emas dan permata yang jauh lebih indah dari bahan-bahan yang ada di bui, walaupun bentuknya sama.

Sebuah aula pertunjukan seperti Rumah Opera Sydney.

Di dalam kastil ini, ada aula pertunjukan yang terlihat mirip dengan Rumah Opera Sydney, Australia. Ada alasan mengapa Allah Bapa membangun aula pertunjukan di dalam kastil ini. Saat pemilik kastil ini di bumi, ia mengadakan sangat banyak tim penampil yang memahami hati Allah yang bersuka cita dalam pujian. Dan ia memuliakan Allah Bapa secara luar biasa melalui seni pertunjukan Kristen yang indah dan menawan.

Itu bukan hanya penampilan luar, keahlian, dan teknik. Ia membimbing para penampil dengan cara rohani sehingga mereka dapat memuji Allah dengan kasih dari dalam hati mereka. Ia membangkitkan banyak penampil yang dapat mempersembahkan kepada Allah jenis pujian yang sungguh dapat diterima Allah. Untuk ini, Allah Bapa telah membangun aula pertunjukan yang indah sehingga para penampil ini akan dapat dengan bebas mendemonstrasikan kerinduan hati mereka di kastil ini.

Sebuah danau besar membentang di depan bangunan ini, dan bangunannya terlihat seperti mengambang di atas air. Saat air mancur keluar dari danau, tetesan airnya akan jatuh dan mengeluarkan sinar seperti permata. Aula pertunjukannya memiliki panggung yang didekorasi menawan dengan banyak jenis permata dan juga banyak kursi untuk penonton. Di sini, malaikat akan tampil dalam kostum indah.

Malaikat-malaikat penampil tersebut akan menari dalam pakaian yang memancarkan sinar dari permata transparan seperti sayap capung. Setiap gerakan mereka sempurna dan indah. Ada juga malaikat yang menyanyi dan memainkan alat musik. Mereka memainkan melodi yang indah dan manis dengan keahlian dan teknik yang menawan.

Tetapi walaupun keahlian para malaikat ini sangat baik, aroma dari pujian dan tariannya sangat berbeda dari anak-anak Allah. Anak-anak Allah telah memiliki kasih dan syukur yang mendalam bagi Allah di dalam hati mereka. Dari hati yang dibuat indah dari penanaman manusia keluar aroma yang dapat menggerakkan Allah Bapa.

Anak-anak Allah yang memiliki tugas memuji Allah di bumi juga akan memiliki banyak kesempatan untuk memuliakan Allah dengan pujian mereka di surga. Jika pemimpin pujian pergi ke Yerusalem Baru, ia dapat tampil di aula pertunjukan ini yang terlihat seperti Rumah Opera. Dan pertunjukan yang dilakukan di tempat ini kadang ditayangkan langsung ke semua rumah di kerajaan surga. Karenanya untuk berdiri di panggung aula ini sekali saja akan menjadi suatu kehormatan besar.

Jembatan awan dari warna-warni pelangi

Sungai Air Kehidupan bersinar dengan cahaya perak mengalir melalui kastil sebagaimana hal nya sungai ini juga mengelilingi kastil, Sungai ini bermula dari tahta Allah dan mengalir mengelilingi kastil Tuhan dan Roh Kudus, Yerusalem Baru, Kerajaan Pertama, Kedua, Ketiga, Firdaus, dan kembali ke tahta Allah.

Orang-orang bercakap-cakap dengan ikan yang memiliki warna-warna indah sambil duduk di atas pasir emas dan perak di salah satu tepi Sungai Air Kehidupan. Terdapat bangku-bangku emas di masing-masing tepi Sungai dan dikelilingi oleh pohon kehidupan. Duduk di atas bangku emas dan melihat buah yang menggugah selera, apabila Anda berpikir, ,Wow, buah itu terlihat lezat' para malaikat pelayan akan membawakan buah tersebut dalam keranjang bunga dan dengan sopan menawarkannya kepada Anda.

Di sana juga terdapat jembatan awan berbentuk lengkung yang indah melintasi Sungai Air Kehidupan. Berjalan di atas jembatan awan dengan warna pelangi dan melihat-lihat Sungai yang mengalir perlahan di bawah Anda, maka Anda akan merasakan ketakjuban seakan Anda sedang terbang di langit atau berjalan di atas air.

Saat Anda menyebrangi Sungai Air Kehidupan, di sana ada sebuah halaman luar dengan berbagai jenis bunga dan rumput emas, dan di sana Anda akan merasakan sesuatu yang berbeda dengan apa yang Anda rasakan di halaman dalam.

Taman hiburan dan jalan bunga

Melintasi jembatan awan, terdapat taman hiburan yang memiliki banyak permainan yang belum pernah Anda lihat, dengar atau bayangkan sebelumnya, bahkan taman hiburan terbaik di dunia seperti Disneyland tidak dapat dibandingkan dengan taman hiburan ini. Kereta-keretaan dibuat dari kristal mengelilingi taman, sebuah kapal bajak laut dibuat dengan emas dan banyak permata bergerak maju mundur, karusel berputar dengan ritme yang indah, dan roller coaster besar memikat mereka yang menaikinya. Semua wahana permainan ini dihiasi dengan banyak permata, membuatnya memancarkan berlapis-lapis cahaya, dan berada di sana membuat Anda diliputi perasaan seakan berada di festival.

Di satu sisi dari halaman luar terdapat jalan bunga yang seakan tanpa ujung, dan seluruh jalan ini ditutupi dengan bunga-bunga sehingga Anda dapat berjalan diatasnya. Tubuh surgawi sangat ringan sehingga Anda tidak dapat merasa berat, dan bunga-bunga tersebut tidak layu bahkan apabila Anda berjalan diatasnya. Saat Anda berjalan di atas jalan bunga yang lebar tersebut maka akan tercium aroma bunga-bunga, bunga tersebut menutup kelopaknya seakan malu dan kemudian perlahan membuka kembali kelopaknya dengan lebar. Ini adalah ucapan selamat datang salam. Dalam kisah dongeng, bunga memiliki wajah mereka sendiri dan dapat bercakap-cakap, dan hal ini terjadi di surga.

Anda akan sangat gembira berjalan di atas bunga dan menikmati aromanya, dan bunga-bunga tersebut merasa bahagia dan mengucapkan rasa syukur mereka karena Anda berjalan di atas mereka. Saat Anda melangkah diatasnya dengan perlahan, bunga-bunga tersebut akan memancarkan aroma yang lebih wangi lagi. Setiap bunga memiliki aroma yang berbeda dan aroma tersebut berubah setiap saat sehingga Anda dapat memiliki perasaan baru setiap kali berjalan di atasnya. Jalanan bunga menyebar ke sana ke mari seperti lukisan untuk menambah keindahan rumah surgawi ini. Dengan demikian, rumah orang tersebut sangat megah dan terlihat tak berbatas, dan memiliki hampir semua fasilitas.

Dataran yang luas di mana para binatang bermain dengan damai

Berbagai jenis binatang yang Anda temukan di bumi juga dapat Anda lihat di surga. Tentu saja, Anda dapat melihat banyak binatang lainnya karena hampir semua jenis binatang ada di sini, kecuali binatang-binatang yang menentang Allah, seperti naga. Pemandangannya terlihat seperti di sabana luas Afrika, dan binatang-binatang ini tidak keluar wilayahnya meskipun tidak ada pagar dan binatang tersebut berjalan dengan bebas. Binatang-binatang tersebut lebih besar dibandingkan dengan binatang yang ada di dunia dan warnanya lebih berkilau dan terang. Hukum rimba tidak berlaku di sini.

Semua binatang jinak, bahkan singa yang disebut sebagai raja hutan tidak agresif sama sekali tapi sangat jinak dan bulunya sangat lembut. Juga, di surga, Anda dapat bicara bebas dengan binatang-binatang tersebut. Bayangkan menikmati keindahan alam dengan menunggangi singa atau gajah. Ini bukanlah sesuatu yang hanya ditemukan dalam dongeng tapi hak istimewa yang diberikan kepada mereka yang diselamatkan dan memiliki surga.

Pondok pribadi dan kursi emas untuk beristirahat

Karena rumah orang ini seperti tempat atraksi turis di surga untuk orang-orang dapat menikmatinya, Allah memberikan pemiliknya sebuah pondok terutama untuk penggunaan pribadi. Pondok ini terletak di atas bukit kecil dengan pemandangan menakjubkan dan memiliki hiasan yang indah. Tidak seorangpun dapat masuk ke pondok ini karena pondok ini untuk pribadi. Pemiliknya beristirahat sendiri di pondok tersebut atau menggunakannya untuk menerima nabi-nabi seperti Elia,

Henokh, Abraham, dan Musa.

Juga terdapat pondok lain yang dibuat dari kristal, dan, tidak seperti bangunan lain, pondok ini sangat bening dan transparan. Tapi, Anda tidak dapat melihat ke dalam dari luar pondok tersebut dan jalan masuknya sangat dibatasi. Pada bagian atas atas atap pondok kristal ini, terdapat kursi emas yang berputar. Saat pemiliknya duduk disitu, ia dapat melihat seluruh rumah dengan sekilas pandang melampaui ruang dan waktu. Allah telah membuatnya istimewa untuk pemiliknya sehingga ia dapat merasa gembira dengan melihat begitu banyak orang mengunjungi rumahnya, atau hanya sekedar beristirahat.

Bukit pengenangan dan jalan perenungan

Jalan perenungan, di mana pohon kehidupan berdiri di masing-masing sisi jalan tersebut, sangat hening sampai seakan-akan waktu berhenti. Saat pemiliknya mengambil langkah, kedamaian keluar dari dasar hatinya dan ia teringat akan hal-hal ketika di dunia ini. Apabila ia memikirkan tentang matahari, bulan, dan bintang, maka sebuah lapisan seperti layar di atas kepalanya tersingkap dan matahari, bulan, dan bintang terlihat. Di surga, sinar matahari, bulan, dan bintang tidak diperlukan karena seluruh tempat dikelilingi oleh cahaya kemuliaan Allah, tapi lapisan tersebut khusus diberikan kepadanya untuk memikirkan tentang hal-hal di dunia ini.

Juga, di sana terdapat tempat yang disebut bukit pengenangan, dan tempat itu membentuk sebuah desa besar. Ini adalah tempat di mana pemiliknya dapat mengingat kembali hidupnya di dunia ini, dan kenangan tersebut dikumpulkan. Rumah di mana ia dilahirkan, sekolah di mana ia belajar, kota di mana ia tinggal, tempat di mana ia menghadapi cobaan, tempat ia bertemu Allah untuk pertama kalinya, dan tempat ibadah yang ia bangun setelah menjadi pelayan tuhan semuanya dibuat sesuai dengan kronologi.

Meskipun materialnya berbeda dari yang ada di dunia, hal-hal mengenai kehidupan dunianya secara tepat dibuat ulang sehingga orang-orang dapat merasakan jejak-jejak kehidupan dunianya dengan jelas. Betapa menakjubkannya kelembutan kasih Allah!

Air terjun dan laut dengan pulau

Saat Anda berjalan di atas jalan perenungan, Anda dapat mendengar sebuah suara yang kencang dan jernih dari jauh. Ini adalah suara yang berasal dari air terjun dengan begitu banyak warna. Saat air terjun tersebut menciptakan cipratan air, maka permata indah di dasar air terjun tersebut bersinar seperti cahaya kemilau. Ini adalah pemandangan menakjubkan untuk melihat aliran air jatuh tiga tingkat dari atas ke bawah masuk ke Sungai Air Kehidupan. Terdapat permata yang bersinar dua sampai tiga kali lipat pada kedua sisi air terjun, dan mereka memberikan cahaya yang memukau bersamaan dengan cipratan air. Anda akan merasa disegarkan dan diberi energi kembali hanya dengan memandangnya.

Juga terdapat paviliun di bagian atas air terjun tersebut sehingga orang-orang dapat melihat pemandangan luas atau beristirahat. Anda dapat melihat rumah-rumah surgawi secara keseluruhan, dan pemandangannya sangat besar dan indah yang tidak cukup apabila dilukiskan dengan kata-kata yang ada di dunia.

Terdapat laut luas di belakang kastil tersebut, dan di laut tersebut terdapat pulau-pulau dengan berbagai ukuran. Air laut yang bening dan tanpa noda bersinar seperti permata saat bergulung. Juga sangat indah untuk melihat ikan berenang dalam air laut yang bening, dan yang mengejutkan, rumah indah berwarna hijau giok dibangun di bawah laut. Di dunia ini, bahkan orang paling kaya sekalipun tidak dapat memiliki rumah di bawah laut.

Tapi, karena surga adalah dunia empat dimensi yang segalanya adalah mungkin, terdapat begitu banyak hal-hal yang tidak dapat kita pahami atau bayangkan.

Kapal pesiar raksasa seperti Titanic dan perahu kristal

Pulau-pulau di lautan memiliki berbagai jenis bunga liar, burung berkicau, dan batu mulia untuk melengkapi keindahan pemandangan. Di sini, kompetisi berkano atau berselancar digelar untuk menghibur para penduduk surga. Terdapat sebuah kapal seperti Titanic di atas permukaan laut yang berombak tenang, dan kapal tersebut memiliki berbagai fasilitas seperti kolam renang, teater, dan aula perjamuan. Apabila Anda berada di kapal yang sepenuhnya transparan karena dibuat dari kristal, Anda merasa sedang berjalan di atas laut, dan Anda dapat merasakan keindahan bagian dalam laut dari dalam kapal selam berbentuk bola rugby.

Akan betapa membahagiakannya untuk dapat berada di kapal seperti Titanic, perahu kristal, atau kapal selam berbentuk bola rugby di tempat yang indah seperti ini dan menghabiskan waktu walau hanya sehari! Tapi, karena surga adalah tempat kekal, Anda dapat menikmati semua hal ini selamanya hanya apabila Anda memenuhi persyaratan untuk masuk ke Yerusalem Baru.

Banyak fasilitas olahraga dan rekreasi

Di sana juga terdapat banyak tempat olahraga dan rekreasi seperti lapangan golf, bowling, kolam renang, lapangan tenis, lapangan voli, lapangan basket dan lain-lain. Ini semua diberikan sebagai upah karena pemiliknya sangat menyukai olahraga tersebut selama di dunia tapi tidak dapat melakukannya karena kerajaan Allah dan menghabiskan seluruh waktu hanya untuk-Nya.

Di arena bowling, yang terbuat dari emas dan permata dalam bentuk pin bowling, bola dan pinnya dibuat dari emas dan permata. Orang-orang bermain dalam grup tiga sampai lima, dan mereka saling berbagi kesenangan satu sama lain. Bola tersebut tidak terasa berat seperti bola aslinya, tidak seperti bola bowling di dunia, jadi bola ini akan berputar menyusuri lorong dengan kuat meskipun apabila Anda melemparnya dengan pelan. Saat bola tersebut menghantam pin, cahaya kemilau bersama dengan suara yang indah dan jernih terdengar.

Di lapangan golf yang dibangun di atas padang rumput emas, padang rumput tersebut membentang secara otomatis mengikuti putaran bola selama permainan berlangsung. Ketika padang rumput tersebut terbentang seperti domino, maka terlihat seperti ombak emas. Di Yerusalem Baru, bahkan padang rumput patuh kepada hati tuannya. Selain itu, setelah penempatan, segumpal awan datang menghampiri untuk mengikuti kemana tuannya pergi. Betapa menakjubkannya hal ini!

Demikian juga orang-orang yang berada di dalam kolam renang sangat bergembira. Karena tidak ada seorangpun yang tenggelam di surga, bahkan mereka yang tidak dapat berenang di dunia dapat berenang secara alami di surga. Selain itu, airnya tidak membuat basah pakaian tapi tergelincir seperti embun di atas daun. Orang-orang dapat berenang kapan saja karena mereka dapat berenang dengan pakaian mereka.

Danau dengan berbagai ukuran dan air mancur di taman

Terdapat banyak danau dengan berbagai ukuran di rumah surgawi yang besar dan luas tersebut. Saat ikan dengan berbagai warna di dalam danau menggerakkan siripnya seperti mereka akan berdansa untuk menyenangkan anak-anak Allah, hal ini seperti mereka sedang mengatakan kasih mereka dengan jelas. Anda juga dapat melihat ikan tersebut berubah warnanya. Seekor ikan yang memiliki warna perak pada siripnya dapat seketika berubah menjadi warna mutiara.

Terdapat banyak taman dan masing-masing taman memiliki perbedaan nama sesuai dengan keunikan dan karakteristiknya. Keindahannya tidak dapat diungkapkan dengan tepat karena di sana terdapat sentuhan Allah bahkan selembar daun pun tidak luput dari sentuhan-Nya.

Air mancur juga berbeda sesuai dengan karakteristik dari masing-masing taman. Umumnya, air mancur menyemprotkan air ke atas, tapi di sana air mancur memancarkan banyak warna dan pemandangan yang indah. Di sana terdapat banyak pemandangan berharga yang tidak akan Anda jumpai di dunia, seperti pemandangan daya tahan yang dapat Anda rasakan dari kerang, pemandangan usaha keras dan bersemangat dari sardius, pemandangan pengorbanan diri atau keimanan dan banyak lagi. Di tengah air mancur tersebut yang sedang menyembur, terdapat tulisan atau gambar yang menjelaskan arti dari masing-masing air mancur dan kenapa air mancur tersebut diciptakan.

Selain itu, terdapat banyak gedung dan ruang khusus di dalam rumah seperti kastil tersebut, tapi sayangnya tidak semua fasilitas yang ada dapat dijelaskan dengan detil. Yang penting adalah bahwa tidak ada yang diberikan tanpa alasan tapi semuanya hanya diberikan sesuai dengan berapa banyak seseorang telah bekerja untuk kerajaan Allah dan kebenaran-Nya di dunia.

Keagungan adalah upah Anda di surga

Mulai sekarang Anda harus menyadari bahwa rumah surgawi ini terlalu besar dan megah untuk dibayangkan. Kastil besar dengan privasi sepenuhnya dibangun di bagian tengah dan di sana terdapat banyak bangunan dan fasilitas lain bersama dengan taman yang mengelilinginya; rumah ini seperti tempat turis di surga. Mungkin Anda tidak dapat untuk tidak terperangah karena rumah ini ukurannya tidak dapat terbayangkan dipersiapkan oleh Allah untuk seseorang yang dipelihara di dunia ini.

Jadi, apa alasan Allah mempersiapkan rumah surgawi yang besarnya seperti kota? Mari kita lihat Matius 5:11-12:

> *Berbahagialah kamu, jika karena Aku kamu dicela dan dianiaya dan kepadamu difitnahkan segala yang jahat. Bersukacita dan bergembiralah, karena upahmu besar di sorga; sebab demikian juga telah dianiaya nabi-nabi yang sebelum kamu.*

Bagaimana menderitanya rasul Paulus dalam menyelesaikan kerajaan Allah? Ia mengalami penderitaan, kesulitan dan penganiayaan yang tidak tertanggungkan untuk mengajarkan bahwa Yesus adalah Juru Selamat untuk bangsa-bangsa lain. Kita dapat melihat bahwa ia bekerja begitu keras untuk kerajaan

Allah mulai dari 2 Korintus 11:23 dan seterusnya. Paulus dipenjara, dipukuli, atau berada dalam bahaya kematian ketika mengajarkan injil.

Tapi Paulus tidak pernah mengeluh atau menggerutu tapi malah bergembira dan senang seperti yang Firman Allah memerintahkannya. Setelah semua itu, pintu misi dunia untuk bangsa-bangsa lain terbuka melalui Paulus. Oleh karena itu, ia secara alami masuk ke Yerusalem Baru dan datang untuk menerima kehormatan yang bersinar seperti matahari di Yerusalem Baru.

Allah sangat mengasihi mereka yang bekerja tekun dan setia bahkan sampai mengorbankan hidup mereka sendiri, dan memberkati serta memberikan upah kepada mereka dengan begitu banyak hal di surga.

Kota Yerusalem Baru tidak disediakan untuk orang tertentu, tapi siapapun yang menguduskan hatinya untuk menyerupai hati Allah sendiri dan memenuhi kewajibannya dengan semangat dapat masuk dan tinggal di sini.

Saya berdoa dalam nama Tuhan Yesus Kristus bahwa Anda akan menyerupai hati Allah melalui doa terus-menerus dan Firman Allah, dan memenuhi kewajiban Anda sepenuhnya sehingga Anda dapat masuk ke Yerusalem Baru dan mengaku-Nya dengan berlinang air mata, "Aku sangat bersyukur untuk kasih besar Bapa".

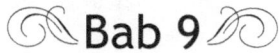

Bab 9

Perjamuan Pertama
di Yerusalem Baru

Barang siapa yang meniadakan salah
satu perintah hukum Taurat sekalipun yang paling kecil,
dan mengajarkannya demikian kepada orang lain,
ia akan menduduki tempat yang paling rendah
di dalam Kerajaan Sorga;
tetapi siapa yang melakukan
dan mengajarkan segala perintah-perintah hukum Taurat,
ia akan menduduki tempat yang
tinggi di dalam Kerajaan Sorga.

- Matius 5:19

Kota suci Yerusalem baru menjadi tempat berdiamnya tahta Allah dan, di antara tak terhitung banyaknya orang-orang yang ditanam di bumi ini, mereka yang memiliki hati yang bening dan indah seperti kristal tinggal di sana selamanya. Kehidupan di Yerusalem baru dengan Allah Tritunggal penuh dengan kasih, emosi, kebahagiaan dan sukacita yang tak terbayangkan. Orang-orang menikmati kebahagiaan abadi menghadiri kebaktian-kebaktian penyembahan dan perjamuan, dan berbincang-bincang dengan kasih dengan satu sama lainnya.

Jika Anda menghadiri sebuah perjamuan di Yerusalem Baru

yang diadakan oleh Allah Bapa Sendiri, maka Anda dapat melihat berbagai pertunjukan dan berbagi kasih dengan tak terhingga banyaknya orang dari berbagai tempat kediaman berbeda di surga.

Allah Tritunggal, yang menyelesaikan pemeliharaan manusia dalam penantian yang panjang, bersukacita dan merasa bahagia saat memandang anak-anak yang dikasihi-Nya.

Allah kasih telah menyingkapkan kepada saya secara terinci tentang kehidupan di Yerusalem Baru yang penuh dengan emosi yang melebihi pengertian kita. Alasannya saya dapat mengalahkan kejahatan dengan kebaikan dan mengasihi musuh bahkan saat saya menderita tanpa sebab adalah karena hati saya dipenuhi dengan pengharapan akan Yerusalem Baru.

Sekarang mari kita pelajari tentang betapa diberkatinya kita untuk dapat "menyerupai hati Allah" yang sejernih dan seindah kristal dengan sebuah pemandangan dari perjamuan pertama yang akan diadakan di Yerusalem Baru sebagai contoh.

Saya berharap Anda dapat merasakan emosi yang dalam dan kebahagiaan saat Anda membaca tentang bagaimana perjamuan pertama di Kota Yerusalem Baru akan diselenggarakan.

Perjamuan Pertama di Yerusalem Baru

Seperti orang-orang di bumi, ada perjamuan-perjamuan di surga, dan melalui ini kita dapat memahami sukacita kehidupan surgawi dengan baik. Ini karena semua itu adalah tempat-tempat mulia dimana kita bisa melihat kekayaan dan keindahan surga secara sekilas dan menikmatinya. Sama seperti orang-orang di bumi ini menghiasi dirinya dengan benda-benda yang paling indah, dan makan, minum serta menikmati makanan yang terbaik di perjamuan yang diselenggarakan oleh seorang presiden, maka saat sebuah perjamuan diadakan di surga, perjamuan itu dipenuhi dengan tarian dan nyanyian yang indah, dan kebahagiaan.

Suara Pujian yang Indah dari Aula

Aula perjamuan di Yerusalem Baru sangat besar dan megah. Jika Anda melewati pintunya dan masuk ke sebuah ruangan yang ujungnya tidak bisa Anda lihat dari ujung yang satu lagi, maka suara musik surgawi yang indah akan menambah emosi kuat yang sudah terasa.

Sungguh menakjubkan terangnya
yang telah ada sebelum waktu dimulai.
Ia menyinari segalanya
dengan terang mula-mula itu.
Ia melahirkan Anak-anak-Nya
dan menciptakan malaikat-malaikat.

Kemuliaan-Nya tinggi
di atas langit dan bumi
dan megah.
Indah karunia-Nya
yang Ia ulurkan sendiri.
Ia merentangkan hati-Nya
dan menciptakan dunia
Pujilah kasih-Nya yang hebat dengan bibir yang kecil.
Pujilah Tuhan.
yang menerima pujian dan kesukaan.
Tinggikan nama kudus-Nya

dan pujilah Dia selamanya.
Terang-Nya sungguh menakjubkan
dan layak dipuji.

Suara musik yang jernih dan anggun melebur dalam roh untuk memberi kegembiraan dan damai yang sedemikian rupa seperti yang dirasakan bagi dalam rangkulan ibunya.

Gerbang besar dari aula perjamuan itu yang berwarna permata putih dihiasi dengan bunga-bunga surgawi berbagai bentuk dan warna dan memiliki ukiran dengan pola yang indah. Anda bisa melihat bahwa Allah Bapa telah mempersiapkan bahkan hal-hal kecil seperti itu hingga ke bagian yang paling detil dalam kasih-Nya yang lembut bagi anak-anak-Nya di setiap penjuru Kota Yerusalem Baru.

Melewati gerbang berwarna permata putih.

Tak terhitung banyaknya orang memasuki gerbang tempat perjamuan yang indah dan besar itu dalam satu barisan, dan mereka yang tinggal di Yerusalem Baru masuk terlebih dulu. Mereka mengenakan mahkota emas yang lebih tinggi dari mahkota-mahkota dari tempat kediaman lainnya dan memancarkan sinar lembut yang indah. Orang-orang mengenakan pakaian satu terusan yang memancarkan sinar yang terang dan gemilang. Bahan kainnya ringan dan lembut seperti sutra, dan mengayun ke depan dan ke belakang.

Pakaian itu, yang dihiasi dengan emas dari berbagai jenis permata, memiliki sulaman permata berkilauan di bagian leher dan lengan baju, dan jenis permata serta pola ukirannya berbeda-beda menurut upah masing-masing orang. Keindahan dan kemuliaan bagi penduduk Yerusalem Baru sungguh sangat berbeda dari yang diberikan bagi penduduk di semua tempat kediaman surga yang lain.

Tidak seperti penduduk Yerusalem Baru, orang-orang yang tinggal di tempat kediaman lain di surga harus melalui sebuah proses untuk dapat menghadiri perjamuan di Yerusalem Baru. Orang-orang dari Kerajaan Ketiga, Kedua dan Pertama Surga atau dari Firdaus harus mengganti pakaian mereka dengan pakaian khusus untuk Yerusalem Baru. Karena cahaya dari tubuh-tubuh surgawi berbeda tergantung dari tempat kediaman mana seseorang datangnya, maka mereka harus meminjam pakaian yang sesuai untuk mengunjungi tempat kediaman yang tingkatnya lebih tinggi dari tempat mereka tinggal.

Karena itulah ada tempat yang terpisah untuk mengganti pakaian. Ada begitu banyak pakaian di Yerusalem Baru dan para malaikat membantu orang-orang untuk mengganti pakaian mereka. Namun demikian, mereka yang berasal dari Firdaus, walaupun hanya ada sedikit, harus mengganti pakaian mereka sendiri tanpa bantuan para malaikat. Mereka mengganti pakaiannya dengan pakaian Yerusalem Baru dan sangat tersentuh oleh kemuliaan pakaian itu. Mereka masih merasa menyesal karena mengenakan pakaian yang tidak pantas untuk mereka pakai.

Orang-orang dari Kerajaan Ketiga, Kedua, Pertama Surga dan Firdaus harus mengganti pakaian mereka dan menunjukkan undangannya kepada para malaikat di pintu masuk aula perjamuan, agar diperbolehkan masuk.

Aula perjamuan yang besar dan cemerlang

Ketika malaikat-malaikat membimbing Anda ke aula perjamuan, Anda tidak dapat menahan diri untuk terpesona oleh cahaya yang cemerlang, kemegahan dan keagungan aula perjamuan itu. Lantai aula itu bersinar dengan warna permata putih tanpa ada bercak maupun noda sedikit pun, dan ada begitu banyak tiang di masing-masing sisinya. Tiang-tiang yang bulat sebening gelas dan bagian dalamnya dihiasi dengan begitu banyak jenis permata untuk menciptakan keindahan yang unik ini. Karangan bunga tergantung di setiap tiang untuk menambahkan keceriaan dan kualitas perjamuan.

Betapa bahagia dan meluap-luapnya perasaan Anda jika Anda diundang ke ruang dansa yang terbuat dari marmer putih dan kristal yang bersinar cemerlang. Betapa lebih indah dan membahagiakannya aula perjamuan surgawi yang dibuat dari begitu banyak permata surgawi nanti.

Di bagian depan dari aula perjamuan di Yerusalem baru, ada dua panggung yang memberi Anda perasaan khimad seolah berkunjung ke masa lalu dan sedang menghadiri upacara penobatan seorang kaisar jaman kuno. Di bagian tengah dari panggung yang paling atas ada sebuah tahta besar dengan warna permata putih bagi Allah Bapa. Di sebelah kanan tahta ini adalah tahta Tuhan dan yang ada di seelah kiri adalah tahta bagi tamu kehormatan perjamuan pertama. Tahta-tahta ini dikelilingi oleh cahaya yang cemerlang dan sangat agung dan mengagumkan. Di panggung yang lebih rendah, ada tempat-tempat duduk bagi para nabi dan diatur menurut peringkat surgawi mereka untuk menunjukkan kemuliaan Allah Bapa.

Aula perjamuan ini cukup besar untuk menampung tidak terhitung banyaknya warga surga yang diundang. Di satu sisi aula perjamuan, ada orkestra surgawi dengan malaikat besar sebagai dirigennya. Orkestra ini memainkan musik surgawi untuk menambahkan sukacita dan kebahagiaan tidak hanya selama di prejamuan tetapi juga sebelum perjamuan itu dimulai.

Didudukkan dengan panduan dari malaikat

Mereka yang telah memasuki aula perjamuan diantarkan oleh malaikat-malaikat ke tempat duduk mereka yang telah ditentukan sebelumnya, dan orang-orang dari Yerusalem Baru duduk di depan, diikuti oleh orang dari Kerajaan Ketiga, Kerajaan Kedua, Kerajaan Pertama, dan Firdaus.

Mereka yang datang dari Kerajaan Ketiga juga mengenakan mahkota, yang sungguh sangat berbeda dari mahkota Yerusalem Baru, dan mereka harus mengenakan tanda lingkaran di sisi kakan mahkota itu untuk dapat dibedakan dari orang-orang Yerusalem Baru. Orang-orang yang datang dari Kerajaan Kedua dan Pertama harus menaruh tanda lingkaran di dada kiri mereka, sehingga mereka secara otomatis dibedakan dari orang-orang Kerajaan Ketiga atau Yerusalem Baru. Orang-orang dari Kerajaan Kedua dan Pertama mengenakan mahkota, tetapi orang-orang dari Firdaus tidak memiliki mahkota untuk dipakai.

Mereka yang diundang ke perjamuan di Yerusalem Baru mengambil tempat duduk mereka dan menunggu masuknya Allah Bapa, penyelenggara dari perjamuan ini, dengan pikiran yang berdebar-debar, membenarkan pakaian mereka dan sebagainya. Saat terompet berbunyi menandakan masuknya Bapa, semua orang di aula perjamuan bangkit untuk menyambut tuan rumah mereka. Pada saat ini, orang-orang yang tidak diundang ke perjamuan masih dapat mengambil bagian dalam peristiwa itu melalui sistem penyiaran simultan yang dipasang di tempat kediaman mereka di seluruh penjuru surga.

Bapa memasuki aula pada saat terompet berbunyi

Pada saat terompet berbunyi, banyak malaikat yang mengawal

Allah Bapa akan masuk terlebih dulu, dan kemudian para bapa iman-Nya akan mengikuti. Kini semua orang dan makhluk sudah siap untuk menerima kehadiran Allah Bapa. Orang-orang yang menyaksikan adegan ini menjadi semakin ingin melihat Bapa dan Tuhan, dan mereka menetapkan pandangan mereka ke depan.

Akhirnya, dengan cahaya yang bersinar cemerlang dan mulia, Allah Bapa masuk. Kemunculan-Nya agung dan luar biasa, tetapi juga pada saat yang sama begitu lembut dan kudus. Rambut-Nya mengayun lembut dalam warna emas dan sinar terang yang sedemikian rupa keluar dari wajah dan seluruh tubuh-Nya sehingga orang-orang bahkan tidak dapat membuka mata mereka dengan baik.

Ketika Allah Bapa naik ke tahta, para pelayan surga dan malaikat, nabi-nabi yang menantikan di panggung, dan semua orang di aula perjamuan membungkukkan kepala mereka untuk menyembah Dia. Sungguh suatu kehormatan untuk melihat sendiri Allah Bapa, sang Pencipta dan Penguasa segalanya, dalam wujud-Nya langsung. Betapa penuh sukacita dan emosionalnya hal ini! Namun, tidak semua tamu undangan dapat melihat Dia. Orang-orang dari Firdaus, Kerajaan Pertama dan Kerajaan Kedua tidak dapat mengangkat wajah-wajah mereka karena cahaya yang demikian cemerlang. Mereka hanya meneteskan airmata sukacita dan emosi dalam rasa syukur karena mereka bahkan bisa berada di perjamuan ini.

Tuhan memperkenalkan tamu kehormatan

Setelah Allah Bapa duduk di tahta-Nya, Tuhan masuk dengan diiringi oleh malaikat yang rupawan dan anggun. Ia mengenakan mahkota yang tinggi dan indah dan jubah yang putih panjang dan bersinar. Ia terlihat agung dan penuh dengan kemegahan. Tuhan membungkuk pada Allah Bapa terlebih dulu untuk kesopanan, menerima penyembahan dari para malaikat, nabi dan semua orang lainnya, lalu balas tersenyum kepada mereka. Allah Bapa yang sedang duduk di tahta senang melihat semua orang yang menghadiri perjamuan.

Tuhan lalu naik ke atas podium dan memperkenalkan tamu kehormatan di perjamuan pertama itu, dan dengan rinci menceritakan semua tentang pelayanannya yang membantu menyelesaikan penanaman manusia. Sebagian orang yang hadir di perjamuan itu bertanya-tanya siapakah gerangan orang yang dimaksud, dan bagi mereka yang sudah mengetahuinya memperhatikan Tuhan dengan penuh pengharapan.

Akhirnya, Tuhan menyelesaikan perkataan-Nya dengan menerangkan bagaimana orang ini mengasihi Allah Bapa, seberapa besar ia mencoba untuk menyelamatkan banyak jiwa, dan bagaimana ia menyelesaikan sepenuhnya kehendak Allah. Kemudian, Allah Bapa yang diluapi oleh sukacita dan berdiri untuk menyambut sang tamu kehormatan dari perjamuan pertama, seperti seorang ayah menyambut anaknya yang pulang ke rumah dengan keberhasilan, seperti seorang raja menyambut jenderal yang menang perang. Di aula perjamuan yang dipenuhi dengan harapan dan bergetar, terompet berbunyi sekali lagi dan tamu kehormatan itu pun masuk, bersinar dengan cemerlang.

Ia mengenakan mahkota yang tinggi dan cemerlang dan jubah panjang putih seperti Tuhan. Ia juga terlihat agung tetapi orang-orang dapat merasakan kelembutan dan belas kasihan dari wajahnya yang menyerupai Allah Bapa.

Aku perkenalkan kepada kalian Anak-Ku yang Kukasihi

Saat tamu kehormatan dari perjamuan pertama masuk, orang-orang berdiri dan mulai bersorak dengan tangan mereka terangkat seolah membentuk gelombang. Mereka berbalik dan bersukacita dengan yang lainnya, saling memeluk satu sama lain. Misalnya, dalam pertandingan final Piala Dunia, ketika bola melewati penjaga gawang untuk membawa kemenangan, semua orang dari negara pemenang yang hadir di pertandingan atau menonton di rumah mereka akan bersukacita dan bersorak-sorai, saling berpelukan, bertukar tos, dan seterusnya. Seperti itulah, aula perjamuan di Yerusalem Baru dipenuhi oleh sorakan sukacita.

Orang yang diperkenalkan oleh Tuhan datang kepada Bapa terlebih dulu dan memberi salam dengan hormat. Allah Bapa memeluk Sendiri orang itu, dan kemudian Tuhan memeluknya.

Lalu Allah Bapa berkata, "Aku perkenalkan Anak-Ku yang kukasihi kepada kalian" dan menghadirkan tamu kehormatan perjamuan pertama itu sekali lagi. Pada saat itu, bukan hanya orang-orang di aula perjamuan saja melainkan juga semua orang yang menghadiri perjamuan melalui layar, menundukkan kepala mereka untuk menyembah dia.

Allah Bapa kemudian kembali duduk di tahta, dan Tuhan serta sang tamu kehormatan duduk di tahta mereka. Kini semua mata tertuju kepadanya sekali lagi. Dengan memandang penuh kasih kepadanya, Allah Bapa berkata:

Anak-Ku!
Aku bahagia dan sangat senang
Karena kau kembali kepada-Ku
Setelah menyelesaikan tugas

Yang kuberikan kepadamu.
Sekarang, tinggallah di sini
Dan bersama-Ku selamanya.

Aku sangat bahagia! Mulailah perjamuan yang meriah!

Saat memandang ruangan yang dipenuhi oleh anak-anak-Nya, Allah Bapa berkata, "Aku sangat bahagia dan senang. Mulailah perjamuan yang meriah!" Saat itu juga, musik surgawi dimainkan dan pertunjukan malaikat-malaikat yang rupawan dengan tarian dan nyanyian dimulai di atas panggung. Para malaikat yang memainkan musik dan menari tampil dengan indah menurut musik surgawi itu; mereka kadang-kadang bergerak dalam lingkaran atau bentuk lain, atau melompat pelan. Mereka menari dengan anggun pada musik yang lembut dan menari dengan indah pada musik yang ceria.

Bahkan di bumi ini, orang-orang sering terkesima oleh keindahan pertunjukan-pertunjukan di Carnegie Hall di Kota New York atau di Rumah Opera Sidney. Bisakah Anda bayangkan betapa lebih indah dan menyentuhnya pertunjukan yang disiapkan khusus untuk perjamuan yang diberikan oleh Allah?

Orang-orang yang hadir pada perjamuan pertama Yerusalem Baru dilayani oleh para malaikat. Mereka duduk mengelilingi meja-meja dengan saudara-saudari mereka dalam iman, yang bersama mereka bekerja di bumi ini dan berbincang-bincang dengan menyenangkan, menikmati minuman, atau menyalami para bapa iman di bumi yang telah lama ingin mereka temui. Juga, ada waktu khusus selama pertunjukan itu: puji-pujian dan tarian penuh emosi dari mereka yang telah bekerja bersama dengan sang tamu kehormatan di bumi.

Ini adalah pesta kejutan yang dipersiapkan oleh Allah Bapa, supaya setiap orang - Tuhan, sang tamu kehormatan, dan semua orang yang menghadiri perjamuan – akan disenangkan. Demikianlah, Allah kasih memberikan upah kepada kita dengan kehormatan dan kemuliaan yang tak terungkapkan bahkan untuk hal paling kecil sekali pun yang telah kita lakukan di bumi ini, dan surga yang dipersiapkan bagi kita oleh Allah Sendiri begitu agung.

Nabi-nabi Kelompok Peringkat Pertama di Surga

Lalu, apa khususnya yang harus kita lakukan untuk dapat menjadi penghuni Yerusalem Baru dan menghadiri perjamuan pertama? Kita tidak hanya harus menerima Yesus Kristus dan menerima Roh Kudus sebagai pemberian, tetapi juga melahirkan kesembilan buah Roh Kudus dan menyerupai hati Allah yang jernih dan indah seperti kristal. Di surga, urutannya ditentukan oleh sejauh apa seseorang dikuduskan menyerupai hati Allah.

Demikianlah, bahkan pada perjamuan pertama di Yerusalem Baru, para nabi masuk menurut peringkat surgawinya ketika Allah Bapa memasuki aula. Semakin tinggi peringkat para nabi atau bapa iman tersebut maka mereka akan semakin dekat dengan tahta Allah. Seperti itu juga, karena surga diperintah berdasarkan peringkat, kita tahu bahwa kita harus menyerupai hati Allah untuk dapat semakin dekat dengan tahta-Nya.

Sekarang mari kita pikirkan hati seperti apa yang jernih dan indah seperti kristal, seperti hati Allah dan bagaimana kita dapat menyerupainya sepenuhnya melalui hidup para nabi di kelompok peringkat pertama di surga.

Elia diangkat ke surga tanpa mengalami kematian

Dari semua manusia yang ditanam di bumi, yang berada di peringkat tertinggi adalah Elia. Melalui Alkitab Anda dapat melihat setiap aspek kehidupan Elia bersaksi untuk Allah yang hidup, satu-satunya Allah yang sejati. Dia adalah nabi di jaman Raja Ahab dari kerajaan Israel bagian Utara, dimana kehidupan penyembahan berhala sedang merajalela. Ia menghadapi 850 nabi-nabi yang menyembah berhala dan menurunkan api dari langit. Elia juga menurunkan hujan yang deras setelah kekeringan selama tiga setengah tahun.

> *Elia adalah manusia biasa sama seperti kita, dan ia telah bersungguh-sungguh berdoa, supaya hujan jangan turun, dan hujanpun tidak turun di bumi selama tiga tahun dan enam bulan. Lalu ia berdoa pula dan langit menurunkan hujan dan bumipun mengeluarkan buahnya (Yakobus 5:17-18).*

Melalui Elia, segenggam tepung di dalam tempayan dan sedikit minyak di dalam buli-buli berhasil bertahan hingga masa kelaparan berakhir. Ia juga membangkitkan anak seorang janda yang sudah mati dan membelah Sungai Yordan. Terakhir, dalam gulungan angin puyuh, Elia naik ke surga (2 Raja-Raja 2:11).

Lalu, apakah sebabnya Elia, yang sama-sama manusia biasa seperti kita, dapat melakukan pekerjaan Allah yang penuh kuasa dan bahkan menghindari kematian? Ini karena ia telah mencapai hati yang semurni dan seindah kristal yang menyerupai Allah lewat berbagai pencobaan di dalam hidupnya. Elia secara penuh menaruh kepercayaannya kepada Allah dalam berbagai keadaan dan selalu taat kepada-Nya.

Ketika Allah memerintahkannya, sang nabi pergi ke hadapan Raja Ahab yang sedang mencoba untuk membunuhnya dan menyatakan bahwa Allah adalah satu-satunya Allah yang sejati di depan begitu banyak orang. Itulah sebabnya kenapa dan bagaimana ia menerima kuasa Allah, memanifestasikan pekerjaan penuh kuasa-Nya dengan begitu hebat untuk memuliakan Allah, dan akhirnya menerima kehormatan dan kemuliaan selamanya.

Henokh berjalan dengan Allah selama 300 tahun

Bagaimana dengan Henokh? Seperti Elia, Henokh juga diangkat ke surga tanpa mengalami kematian. Walaupun Alkitab tidak banyak menceritakan tentang dirinya, tetapi kita bisa merasakan betapa ia menyerupai hati Allah.

Setelah Henokh hidup enam puluh lima tahun, ia memperanakkan Metusalah. Dan Henokh hidup bergaul dengan Allah selama tiga ratus tahun lagi, setelah ia memperanakkan Metusalah, dan ia memperanakkan anak-anak lelaki dan perempuan. Jadi Henokh mencapai umur tiga ratus enam puluh lima tahun. Henokh hidup bergaul dengan Allah, lalu ia tidak ada lagi, sebab ia telah diangkat oleh Allah (Kejadian 5:21-24).

Henokh mulai berjalan dengan Allah pada usia 65 tahun. Ia begitu indah dalam pemandangan Allah karena ia menyerupai hati Allah. Allah berkomunikasi secara mendalam dengannya, berjalan dengannya selama 300 tahun, dan mengangkatnya hidup-hidup untuk menempatkannya dekat dengan Allah Sendiri. Di sini, "berjalan dengan Allah" berarti bahwa Allah bersama dengan orang tersebut dalam segala hal, dan Allah bersama Henokh kemana pun ia pergi selama tiga abad.

Jika Anda melakukan perjalanan, dengan orang seperti apakah Anda ingin pergi? Perjalanan itu akan menyenangkan jika Anda pergi bersama orang yang dengannya Anda dapat bertukar pikiran. Dengan pengertian yang sama, kita menyadari bahwa Henokh adalah satu dengan Allah dalam hatinya dan demikianlah ia dapat berjalan dengan Allah.

Karena Allah ada dalam inti cahaya, kebaikan, dan kasih, kita tidak boleh memiliki kegelapan apa pun di dalam kita untuk dapat berjalan dengan Allah melainkan harus memiliki kebaikan dan kasih yang melimpah. Henokh menjaga dirinya tetap kudus walaupun ia hidup dalam dunia yang penuh dosa, dan menyampaikan kehendak Allah kepada orang-orang (Yudas 1:14). Alkitab tidak menceritakan bahwa ia mencapai sesuatu yang hebat atau melakukan tugas khusus. Tetap saja, karena Henokh takut akan Allah jauh di dalam hatinya, menjauhi kejahatan, dan menjalani kehidupan yang dikuduskan untuk dapat berjalan dengan Allah, maka Allah mengangkatnya untuk berada dekat dengan-Nya lebih cepat.

Karenanya, Ibrani 11:5 mengatakan kepada kita, *"Karena iman Henokh terangkat, supaya ia tidak mengalami kematian, dan ia tidak ditemukan, karena Allah telah mengangkatnya. Sebab sebelum ia terangkat, ia memperoleh kesaksian, bahwa ia berkenan kepada Allah"*. Demikian juga, Henokh yang mempunyai iman yang memperkenan Allah, diberkati untuk dapat berjalan dengan Allah senantiasa, diangkat ke surga tanpa menemui kematian, dan menjadi orang dengan peringkat nomor dua di surga.

Abraham disebut sebagai sahabat Allah

Nah, hati indah seperti apakah yang dimiliki Abraham sehingga ia disebut sebagai sahabat Allah dan mendapat peringkat ketiga di surga?

Abraham mempercayai Allah dan taat sepenuhnya kepada-Nya. Ketika ia meninggalkan negerinya atas perintah Allah, ia sama sekali tidak tahu tujuannya tetapi dalam ketaatan ia meninggalkan kampung halamannya dan tempatnya mencari nafkah. Terlebih lagi, saat ia diperintahkan untuk mempersembahkan anak laki-lakinya, Ishak, sebagai korban bakaran, yang baru dimilikinya setelah berusia 100 tahun, ia langsung taat. Ia mempercayai Allah yang mahabaik dan mahakuasa, dan yang dapat membangkitkan orang mati.

Abraham sama sekali tidak egois. Sebagai contoh, saat keponakannya Lot dan hartanya menjadi begitu banyak sehingga mereka tidak dapat tinggal bersama lagi, Abraham membiarkan Lot memutuskan pertama, dengan berkata, *"Janganlah kiranya ada perkelahian antara aku dan engkau, dan antara para gembalaku dan para gembalamu, sebab kita ini kerabat. Bukankah seluruh negeri ini terbuka untuk engkau? Baiklah pisahkanlah dirimu dari padaku; jika engkau ke kiri, maka aku ke kanan; atau jika engkau ke kanan, maka aku akan ke kiri"* (Kejadian 13:8-9).

Pada suatu peristiwa, banyak raja bersatu bersama dan menyerang Sodom dan Gomora, dan merampas semua barang dan makanan dan juga keponakannya Lot yang tinggal di Sodom. Kemudian, Abraham membawa 318 orang laki-laki yang lahir dan dilatih di dalam rumahnya, mengejar raja-raja itu dan mengambil kembali semua barang-barang dan makanan. Raja Sodom ingin memberikan kepada Abraham sebagian dari barang-barang yang berhasil direbut kembali itu sebagai hadiah tanda terima-kasih, tetapi ia menolaknya. Abraham melakukan hal itu untuk membuktikan bahwa berkatnya datang hanya dari Allah. Demikianlah, Abraham taat dalam iman bagi kemuliaan Allah dengan hati yang semurni dan seindah kristal. Inilah sebabnya Allah memberkatinya dengan melimpah di bumi ini seperti juga di surga.

Musa, pemimpin Keluaran

Hati seperti apakah yang dimiliki Musa, pemimpin Keluaran, sehingga ia mendapat peringkat keempat di surga? Bilangan 12:3 mengatakan kepada kita bahwa, *"Adapun Musa ialah seorang yang sangat lembut hatinya, lebih dari setiap manusia yang di atas muka bumi"*.

Dalam kitab Yudas, ada adegan dimana malaikat besar Mikhael bertengkar dengan iblis tentang tubuh Musa, dan ini karena Musa memiliki kualifikasi untuk diangkat ke surga tanpa menemui kematian. Saat Musa masih menjadi seorang pangeran di Mesir, ia membunuh seorang Mesir yang memukuli seorang Israel. Karena inilah iblis menyalahkan Musa untuk mengalami kematian.

Namun, malaikat besar Mikhael membantah iblis, dengan mengatakan bahwa Musa telah membuang semua dosa dan kejahatan dan ia layak untuk diangkat ke surga. Dalam Matius 17, kita membaca bahwa Musa dan Elia turun dari surga untuk bercakap-cakap dengan Yesus. Dari fakta-fakta itu kita bisa menduga apa yang terjadi dengan mayat Musa.

Musa harus melarikan diri dari istana Firaun karena pembunuhan yang telah ia lakukan. Kemudian, ia menggembalakan domba di padang gurun selama 40 tahun. Melalui pencobaan di gurun itu, Musa menghancurkan semua kesombongan, nafsu, dan kebenarannya sendiri yang ia miliki sebagai pangeran di istana Firaun. Barulah setelah itu Allah memberinya tugas untuk membawa bangsa Israel keluar dari Mesir.

Musa, yang pernah membunuh orang dan melarikan diri, harus kembali ke tempat Firaun dan membawa bangsa Israel yang telah menjadi budak selama 400 tahun keluar dari Mesir. Ini sepertinya mustahil bagi pemikiran manusia, tetapi Musa taat pada Allah dan pergi ke hadapan Firaun. Tidak setiap orang dapat menjadi pemimpin untuk membawa jutaan bangsa Israel keluar dari Mesir dan membawa mereka ke tanah Kanaan. Karena itulah Allah terlebih dulu memurnikan Musa di padang gurun selama 40 tahun dan membuatnya sebagai wadah yang besar yang dapat merangkul dan menahan semua bangsa Israel. Dengan begini, Musa menjadi orang yang sungguh dapat taat sampai mati melalui berbagai pencobaan dan dapat melakukan tugas memimpin Keluaran. Kita dapat dengan mudah melihat dari Alkitab betapa besarnya Musa.

Lalu kembalilah Musa menghadap TUHAN dan berkata: "Ah, bangsa ini telah berbuat dosa besar, sebab mereka telah membuat allah emas bagi mereka. Tetapi sekarang, kiranya Engkau mengampuni dosa mereka itu--dan jika tidak, hapuskanlah kiranya namaku dari dalam kitab yang telah Kautulis." (Keluaran 32:31-32)

Musa tahu dengan baik bahwa penghapusan namanya dari kitab TUHAN bukan hanya berarti kematian jasmani. Walaupun mengetahui dengan baik bahwa nama-nama yang tidak tertulis di dalam Kitab Kehidupan akan dilemparkan ke dalam api neraka – kematian kekal – dan menderita selamanya, tetapi Musa bersedia menerima kematian kekal agar dosa orang-orang itu diampuni.

Bagaimana perasaan Allah saat memandang Musa seperti ini? Allah sangat berkenan kepada Musa karena ia sangat mengerti hati Allah yang membenci dosa namun ingin menyelamatkan para pendosa; maka Allah menjawab doanya. Allah menganggap Musa sendiri jauh lebih berharga dari seluruh bangsa Israel karena ia memiliki hati yang benar dalam pemandangan Allah dan jernih serta indah seperti air kehidupan yang mengalir dari tahta-Nya.

Jika ada berlian seukuran kacang tanpa noda atau cacat, dan ada ratusan batu biasa sebesar kepalan, yang manakah yang Anda anggap lebih berharga? Tidak seorang pun akan menukar sepotong berlian untuk batu-batu biasa.

Karenanya, dengan menyadari kenyataan bahwa nilai Musa sendiri saja, yang mencapai hati Allah di dalam dirinya, jauh lebih besar dari pada semua orang Israel disatukan, kita harus mencapai hati yang murni dan bening seperti kristal.

Paulus, rasul untuk bangsa-bangsa asing

Yang berada di peringkat kelima di surga adalah rasul Paulus yang mengabdikan hidupnya dalam penginjilan kepada bangsa-bangsa di luar Israel. Walaupun ia setia kepada kerajaan Allah hingga titik kematian dengan begitu bersemangat, pada satu sudut pikirannya ia selalu merasa menyesal karena dulu ia pernah menganiaya orang-orang percaya sebelum menerima Tuhan. Karena itulah ia mengaku dalam 1 Korintus 15:9, *"Karena aku adalah yang paling hina dari semua rasul, sebab aku telah menganiaya jemaat Allah."*

Namun demikian, karena ia adalah wadah yang baik, Allah memilihnya, memurnikannya, dan memakainya sebagai rasul untuk bangsa-bangsa asing. 2 Korintus 11:23 dan seterusnya menerangkan secara terinci berbagai kesulitan yang ia derita saat mengabarkan injil, dan kita bisa melihat bahwa ia begitu menderita hingga ia mengalami putus asa bahkan tentang kehidupan. Ia sering kali didera dan dipenjara. Lima kali ia menerima cambukan sebanyak empat puluh kali dikurang satu dari orang Yahudi; tiga kali ia dipukuli dengan tongkat; satu kali ia dilempari batu; tiga kali mengalami karam kapal, ia menghabiskan sehari semalam di laut terbuka; ia sering tidak bisa tidur; ia telah mengalami kelaparan dan kehausan

Paulus sangat menderita sampai ia mengatakan di dalam 1 Korintus 4:9, "*Sebab, menurut pendapatku, Allah memberikan kepada kami, para rasul, tempat yang paling rendah, sama seperti orang-orang yang telah dijatuhi hukuman mati, sebab kami telah menjadi tontonan bagi dunia, bagi malaikat-malaikat dan bagi manusia.*"

Lalu, mengapa Allah mengijinkan begitu banyak penderitaan dan aniaya menimpa Paulus yang begitu setia bahkan sampai mati? Allah dapat melindungi Paulus dari semua penderitaan tetapi Ia ingin agar Paulus memiliki hati yang semurni dan seindah kristal melalui semua penderitaan itu. Lagi pula, rasul Paulus dapat memperoleh penghiburan dan sukacita hanya di dalam Allah, menyangkal dirinya sendiri sepenuhnya, dan memiliki bentuk Kristus yang sempurna. Kemudian ia dapat menyatakan di dalam 2 Korintus 11:28, "*Terlepas dari banyak hal luar, ada dorongan sehari-hari atasku untuk memikirkan jemaat-jemaat*".

Ia juga menyatakan di dalam Roma 9:3, "*Bahkan, aku mau terkutuk dan terpisah dari Kristus demi saudara-saudaraku, kaum sebangsaku secara jasmani.*" Paulus yang memiliki jenis hati yang murni dan indah bagai kristal ini, tidak hanya dapat memasuki Yerusalem Baru tetapi juga dekat ke tahta Allah.

Perempuan-perempuan Yang Cantik di Mata Allah

Kita telah melihat-lihat pada perjamuan pertama di Yerusalem Baru. Saat Allah Bapa memasuki aula, ada seorang perempuan di belakang-Nya. Ia melayani Allah Bapa dalam pakaian putih yang hampir menyentuh lantai dan dihiasi dengan berbagai jenis permata. Perempuan itu adalah Maria Magdalena. Mengingat keadaan pada masa itu di mana peranan publik wanita dibatasi, maka ia pastilah telah melakukan begitu banyak untuk kerajaan Allah, namun karena ia sungguh merupakan seorang perempuan yang sangat cantik di mata Allah, maka ia dapat memasuki tempat yang paling takzim di surga.

Sama seperti adanya peringkat di antara para nabi menurut seberapa banyak mereka menyerupai hati Allah, perempuan-perempuan di surga pun juga memiliki suatu urutan dimana mereka diberi peringkat menurut seberapa jauh mereka diakui dan dikasihi oleh Allah.

Lalu, kehidupan seperti apakah yang dijalani oleh perempuan-perempuan demikian untuk diakui dan dikasihi oleh Allah dan menjadi orang yang dimuliakan di surga?

Maria Magdalena pertama bertemu Tuhan yang bangkit

Perempuan yang paling dikasihi Allah adalah Maria Magdalena. Cukup lama ia terikat oleh kuasa kegelapan dan menerima penghinaan dan hujatan dari orang lain, ia juga menderita berbagai jenis penyakit. Suatu hari dalam saat-saat sulitnya itu, ia mendengar berita tentang Yesus, lalu ia menyiapkan minyak wangi yang mahal dan pergi ke hadapan-Nya. Ia mendengar bahwa Yesus datang ke rumah salah seorang Farisi dan pergi ke sana, tetapi ia tidak berani pergi ke hadapan-Nya walaupun ia telah begitu rindu ingin bertemu dengan Yesus. Ia pergi ke belakang Yesus, membasahi kaki-Nya dengan airmata, menyekanya dengan rambutnya, dan memecahkan tempayan serta menuangkan minyak wangi itu kepada-Nya. Ia dilepaskan dari rasa sakit dan penyakit melalui tindakan imannya, dan ia sangat bersyukur. Mulai sejak saat itu, ia sangat mengasihi Yesus dan mengikuti-Nya kemana pun Yesus pergi, dan menjadi perempuan yang begitu cantik yang mengabdikan seluruh hidupnya bagi Yesus (Lukas 8:1-2).

Ia mengikuti Yesus bahkan saat Ia disalibkan dan menghembuskan nafas terakhir-Nya, walaupun ia tahu bahwa kehadirannya saja dapat membuatnya kehilangan nyawa. Maria jauh melebihi tingkat hanya sekedar membalas kasih karunia yang telah ia terima, tetapi ia mengikuti Yesus, mengabdikan segalanya, termasuk hidupnya.

Maria Magdalena, yang begitu mengasihi Yesus, menjadi orang pertama yang bertemu Tuhan setelah kebangkitan-Nya. Ia menjadi perempuan terbesar dalam sejarah umat manusia karena ia memiliki hati yang sungguh baik dan perbuatan-perbuatan indah yang bahkan dapat membuat Allah tersentuh.

Perawan Maria diberkati untuk mengandung Yesus

Yang kedua di antara perempuan-perempuan paling cantik dalam pandangan Allah adalah Perawan Maria , yang diberkati untuk mengandung Yesus, yang menjadi Juru Selamat bagi seluruh umat manusia. Sekitar 2000 tahun yang lalu, Yesus harus datang dalam wujud manusia untuk menebus semua orang dari dosa-dosa mereka. Untuk dapat memenuhi hal ini, maka dibutuhkan seorang perempuan yang sesuai dalam pandangan Allah dan dipilihlah Maria yang saat itu bertunangan dengan Yusuf. Allah memberitahu ia sebelumnya melalui malaikat besar Gabriel bahwa ia akan mengandung Yesus oleh Roh Kudus. Maria tidak melibatkan pemikiran manusia melainkan dengan berani menyatakan imannya, *"Sesungguhnya aku ini adalah hamba Tuhan; jadilah padaku menurut perkataanmu itu"* (Lukas 1:38).

Jika pada zaman itu seorang gadis yang belum menikah mengandung, tidak hanya ia harus dipermalukan di depan umum tetapi juga harus dilempari batu sampai mati menurut hukum Taurat Musa. Namun, ia percaya jauh di dalam hatinya bahwa tidak ada yang mustahil dengan Allah dan meminta agar terjadilah seperti yang telah dikatakan kepadanya. Ia memiliki hati yang baik yang cukup untuk menaati Firman Allah walaupun itu membahayakan nyawanya sendiri. Betapa bahagia dan bersyukurnya Maria saat pertama kali ia mengandung Yesus atau saat ia melihat-Nya tumbuh dalam kuasa Allah! Sungguh merupakan suatu berkah bagi Maria, yang hanya seorang makhluk ciptaan.

Itulah sebabnya ia sangat bahagia hanya dengan melihat Yesus, dan ia melayani Yesus serta mengasihi-Nya lebih dari hidupnya sendiri. Dengan begini, Perawan Maria diberkati secara melimpah oleh Allah dan menerima kemuliaan kekal sesudah Maria Magdalena di antara semua perempuan di surga.

Ester tidak takut apa pun demi kehendak Allah

Ester, yang menyelamatkan bangsanya dengan berani oleh iman dan kasihnya, menjadi perempuan yang cantik di mata Allah dan mencapai posisi paling terhormat di surga.

Setelah raja Persia Xerxes (Ahasyweros) mengambil posisi Keratuan Ratu Wasti, Ester dipilih di antara banyak perempuan cantik dan kemudian menjadi ratu walaupun dia adalah seorang Yahudi. Ia dicintai oleh raja dan banyak orang karena bukan saja ia tidak memamerkan dirinya atau pun menjadi sombong, tetapi ia juga menghiasi dirinya dengan kemurnian dan keanggunan walaupun ia sudah sangat cantik.

Sementara itu, saat ia berada di posisi kerajaan, bangsa Yahudi mengalami masalah besar. Haman dari Agag, yang diperkenan oleh raja, menjadi marah ketika seorang Yahudi yang bernama Mordekhai tidak berlutut di hadapannya atau pun memberi hormat kepadanya. Demikianlah, ia lalu mengadakan rencana untuk menghancurkan semua orang Yahudi di Persia, dan menerima izin dari raja untuk melakukannya.

Ester berpuasa selama tiga hari untuk bangsanya dan memutuskan untuk pergi ke hadapan raja (Ester 4:16). Menurut hukum Persia pada waktu itu, jika ada orang yang datang ke hadapan raja tanpa dipanggil olehnya, ia harus dihukum mati, kecuali jika raja mengulurkan tongkat emasnya kepada orang tersebut. Setelah berpuasa selama tiga hari, Ester mengandalkan Allah dan pergi ke hadapan raja dengan keputusannya, "Kalau terpaksa aku mati, biarlah aku mati". Sebagai akibat dari turut campurnya Allah, Haman, yang telah berkonspirasi, justru yang terbunuh. Ester tidak hanya menyelamatkan bangsanya tetapi juga menjadi lebih dikasihi oleh rajanya.

Demikian juga, Ester diakui sebagai perempuan yang cantik

dan mencapai posisi yang mulia di surga karena ia kuat dalam kebenaran dan mempunyai keberanian untuk menyerahkan nyawanya sendiri jika itu untuk mengikuti kehendak Allah.

Ruth mempunyai hati yang indah dan baik

Sekarang, mari kita mempelajari kehidupan Ruth, yang juga diakui sebagai perempuan yang cantik dalam pandangan Allah dan telah menjadi salah satu dari perempuan-perempuan terbesar di surga. Seperti apakah hati dan perbuatan yang dimiliki oleh Ruth yang menyenangkan Allah dan membuatnya diberkati?

Ruth yang berkebangsaan Moab menikahi seorang Israel yang keluarganya pindah ke Moab karena bencana kelaparan, tetapi ia segera kehilangan suaminya. Semua laki-laki di keluarganya meninggal lebih awal, sehingga ia tinggal bersama dengan ibu mertuanya Naomi dan saudara ipar Orpa. Naomi, yang memikirkan masa depan mereka, menyarankan kepada kedua menantunya itu untuk kembali ke keluarga mereka sendiri. Orpa meninggalkan Naomi dalam linangan airmata tetapi Ruth memutuskan tetap tinggal, dengan membuat pernyaatan penuh perasaan seperti berikut:

"Janganlah desak aku meninggalkan engkau dan pulang dengan tidak mengikuti engkau; sebab ke mana engkau pergi, ke situ jugalah aku pergi, dan di mana engkau bermalam, di situ jugalah aku bermalam. Bangsamulah bangsaku dan Allahmulah Allahku. Di mana engkau mati, akupun mati di sana, dan di sanalah aku dikuburkan. Beginilah kiranya TUHAN menghukum aku, bahkan lebih lagi dari pada itu, jikalau sesuatu apapun memisahkan aku dari engkau, selain dari pada

maut!"

Karena Ruth mempunyai hati yang indah seperti ini, ia tidak pernah memikirkan keuntungannya sendiri tetapi hanya mengikuti kebaikan bahkan walaupun hal itu mencelakakannya, dan ia melakukan kewajibannya dengan setia melayani ibu mertuanya dengan kebahagiaan.

Perbuatan Ruth melayani ibu mertuanya sungguh indah sehingga seluruh penduduk desa mengetahui tentang kesetiaan Ruth dan mengasihi dia. Pada akhirnya, dengan bantuan dari ibu mertuanya, ia menikah dengan seorang laki-laki bernama Boaz, seorang penebus saudara. Ia melahirkan seorang anak laki-laki dan kemudian menjadi nenek buyut Raja Daud (Ruth 4:13-17). Lebih jauh lagi, Ruth diberkati untuk menjadi bagian dari silsilah Yesus walaupun ia adalah perempuan dari bangsa asing (Matius1:5-6), dan menjadi salah satu dari perempuan-perempuan tercantik di surga sesudah Ester.

Maria Magdalena Tinggal Dekat Tahta Allah

Lalu, apakah alasannya Allah memberitahu kita tentang perjamuan pertama di Yerusalem dan urutan para nabi dan perempuan terhormat di surga? Allah kasih tidak hanya menginginkan agar semua orang menerima keselamatan dan mencapai kerajaan surga, tetapi juga menyerupai hati-Nya supaya mereka dapat tinggal dekat dengan tahta Allah di Yerusalem Baru.

Untuk dapat meneriman kehormatan tinggal dekat tahta Allah di Yerusalem Baru, maka hati kita harus menyerupai hati-Nya yang sejernih dan seindah kristal. Kita harus mencapai hati yang indah seperti dua belas batu penjuru dinding Kota Yerusalem Baru.

Karena itu, mulai dari sekarang kita akan mempelajari kehidupan Maria Magdalena, yang melayani Allah Bapa dekat dengan tahta-Nya. Sementara saya sedang mendoakan "Pelajaran Tentang Injil Yohanes," saya jadi mengetahui banyak tentang kehidupan Maria Magdalena melalui ilham Roh Kudus. Allah menyingkapkan kepada saya seperti apakah keluarga di mana Maria Magdalena dilahirkan, bagaimana dia hidup, dan betapa membahagiakannya kehidupan yang bisa nikmati setelah bertemu Yesus Juru Selamat kita. Saya berharap Anda akan mengikuti hatinya yang baik dan indah untuk menanggung kesalahan pada dirinya sendiri atas segala sesuatu dan kasihnya yang menyerahkan hidup kepada Tuhan sehingga Anda juga dapat memperoleh kehormatan untuk tinggal dekat dengan tahta Allah.

Ia dilahirkan pada keluarga penyembah berhala

Ia dinamai "Maria Magdalena" karena ia dilahirkan di sebuah desa yang disebut "Magdalena" yang penuh dengan penyembahan berhala. Keluarganya pun bukan pengecualian; sebuah kutuk jatuh atas kelurganya selama bergenerasi-generasi karena penyembahan berhala yang parah dan ada banyak masalah lainnya.

Maria Magdalena, yang terlahir dalam situasi rohani yang paling buruk, tidak dapat makan dengan baik karena masalah saluran pencernaan. Juga, karena ia lemah secara fisik hampir sepanjang waktu, maka tubuhnya pun menjadi rentan terhadap segala macam penyakit. Terlebih lagi, bahkan ia berhenti menstruasi saat masih sangat muda dan demikianlah ia kehilangan sebuah fungsi penting sebagai seorang perempuan. Karena itulah ia selalu tinggal di dalam rumahnya dan merendahkan diri seolah-olah dia tidak ada. Namun demikian, walaupun ia dihina dan diperlakukan dengan dingin bahkan oleh anggota keluarganya sendiri, ia tidak pernah mengeluhkan sikap mereka. Sebaliknya, ia memahami mereka dan mencoba untuk menjadi sumber kekuatan bagi mereka, menanggung sendiri semua kesalahan itu. Ketika ia menyadari bahwa ia tidak dapat memberi kekuatan bagi anggota keluarganya melainkan tetap hanya menjadi beban bagi mereka, ia pun meninggalkan keluarganya. Hal ini dilakukannya bukan karena kebencian atau muak atas perlakuan mereka tetapi hanya karena ia tidak ingin menjadi beban bagi mereka.

Mencoba sebaik yang ia bisa, menanggung sendiri semua kesalahan

Sementara itu, ia bertemu dengan seorang laki-laki dan mencoba untuk bergantung kepadanya, tetapi laki-laki itu adalah seorang yang berhati jahat. Ia tidak mencoba untuk menyokong keluarga melainkan terus berjudi. Ia menyuruh Maria Magdalena untuk membawakan lebih banyak uang baginya, sering membentak dan memukulinya.

Maria Magdalena mulai menjahit sementara ia mencari sumber pendapatan yang lebih baik. Tetap saja, karena ia memang bertubuh lemah dan bekerja sepanjang hari, ia menjadi semakin lemah sampai ia harus bertopang pada orang lain walau hanya untuk bergerak saja. Walaupun demikian, walaupun laki-laki itu disokong oleh Maria Magdalena, ia tidak berterima-kasih kepadanya tetapi hanya mengabaikannya dan membuatnya kecewa. Maria Magdalena tidak membenci laki-laki itu tetapi sebaliknya ia hanya merasa menyesak karena tidak bisa menolong lebih banyak oleh karena tubuhnya yang lemah, dan menganggap semua perlakuan buruknya itu sebagai sesuatu yang bisa diterima.

Saat ia sedang berada dalam keadaan yang demikian putus asa, diterlantarkan oleh orangtuanya, saudara-saudaranya, dan laki-laki itu, ia mendengar suatu kabar yang sangat baik. Ia mendengar berita tentang Yesus, yang melakukan mukjizat-mukjizat ajaib seperti mencelikkan mata orang buta dan membuat orang bisu dapat berbicara. Ketika Maria Magdalena mendengar semua itu, ia tidak ragu sedikit pun tentang tanda-tanda dan mukjizat yang diperbuat oleh Yesus karena hatinya sangat baik. Malahan, ia memiliki iman bahwa kelemahan dan penyakit-penyakitnya akan disembuhkan segera saat ia bertemu Yesus.

Ia rindu untuk bertemu Yesus dengan iman. Akhirnya, ia mendengar bahwa Yesus telah datang ke desanya dan tinggal di rumah seorang Farisi bernama Simon.

Menuangkan minyak wangi dengan iman

Maria Magdalena sangat gembira sehingga ia membeli minyak wangi dengan uang yang ia simpan dari pekerjaannya menjahit. Apa yang terjadi dalam perasaannya saat bertemu dengan Yesus tidak akan dapat digambarkan dengan tepat.

Orang-orang mencoba untuk menghentikannya mendekati Yesus karena pakaiannya yang lusuh, tetapi tidak seorang pun yang benar-benar dapat menghentikan semangatnya. Walaupun mendapat tatapan tajam dari banyak orang, Maria Magdalena datang ke hadapan Yesus dan mengalirkan airmata tanpa henti saat ia melihat sosok-Nya yang lembut.

Ia tidak berani berdiri di hadapan Yesus, sehingga ia pergi ke belakang-Nya. Saat ia berada di kaki Yesus, Maria meneteskan bahkan lebih banyak lagi airmata dan membasahi kaki-Nya. Ia menyeka kaki Yesus dengan rambutnya dan memecahkan buli-buli berisi minyak wangi untuk dituangkan ke atasnya, karena bagi Maria Yesus sangat berharga.

Karena Maria Magdalena datang ke hadapan Yesus dengan begitu tulus, ia tidak saja diampuni dari dosa-dosanya untuk memperoleh keselamatan tetapi juga terjadi pekerjaan penyembuhan yang ajaib untuk menyembuhkan penyakit dalam dan juga penyakit kulitnya. Seluruh anggota tubuhnya mulai berfungsi normal kembali, dan ia juga mulai mendapatkan menstruasi. Wajahnya yang terlihat buruk karena begitu banyak penyakit menjadi dipenuhi oleh sukacita dan kebahagiaan dan tubuhnya yang sangat lemah menjadi sehat. Ia mendapatkan kembali nilainya sebagai seorang perempuan, tidak lagi terikat oleh kuasa kegelapan.

Mengikuti Yesus sampai akhir

Maria Magdalena mengalami sesuatu yang membuatnya lebih bersyukur dari pada penyembuhan yang diterimanya. Hal itu adalah kenyataan bahwa ia bertemu dengan seseorang yang memberinya kasih yang melimpah yang belum pernah ia terima dari siapa pun sebelumnya. Sejak saat itu, ia mengabdikan seluruh waktu dan semangat hidupnya bagi Yesus dengan begitu penuh sukacita dan syukur. Karena kesehatannya dipulihkan, Maria dapat menyokong Yesus secara finansial dengan pekerjaan menjahitnya atau pekerjaan lain, dan mengikut Dia dengan segenap hati.

Maria Magdalena tidak hanya mengikuti Yesus saat Ia melakukan berbagai tanda dan mukjizat dan mengubah kehidupan banyak orang dengan khotbah-khotbah penuh kuasa, tetapi juga bersama Dia saat Ia menderita dari prajurit-prajurit Romawi dan memikul salib. Bahkan saat Yesus digantung di kayu salib, Maria Magdalena ada di sana. Walaupun keberadaannya sendiri dapat mengancam nyawanya, Maria Magdalena pergi ke Golgota, mengikuti Yesus membawa salibnya.

Apa yang saat itu ia rasakan saat Yesus, yang sangat dikasihinya, menderita rasa sakit yang hebat dan mengalirkan semua darah dan air dari tubuh-Nya?

Tuhan, apa yang harus kulakukan,
Apa yang harus kulakukan?
Tuhan, bagaimana aku bisa hidup?
Bagaimana aku bisa hidup tanpa-Mu, Tuhan?

...

Seandainya saja aku bisa mengambil darah
Yang Kau alirkan,
Seandainya saja aku bisa mengambil rasa sakit itu
Yang sedang Kau derita.

...

Tuhan,
Aku tidak bisa hidup tanpa-Mu.
Aku tidak bisa hidup
Kecuali jika aku bersama-Mu.

Maria Magdalena tidak memalingkan pandangannya dari Yesus sampai Ia menghembuskan nafas terakhir-Nya, dan mencoba mematrikan sinar mata-Nya dan wajah-Nya jauh di dalam hatinya. Terlebih lagi, ia melihat Yesus sampai saat terakhir-Nya dan mengikuti Yusuf dari Arimatea, yang menaruh tubuh Yesus dalam sebuah makam.

Menyaksikan Tuhan yang sudah bangkit pada saat subuh

Maria Magdalena menantikan hari Sabat berlalu, dan pada subuh hari pertama setelah Sabat, ia pergi ke makan untuk menaruh minyak wangi ke tubuh Yesus. Namun, ia tidak dapat menemukan tubuh-Nya. Maria menjadi sangat sedih dan menangis di sana, lalu Tuhan yang telah bangkit muncul di hadapannya. Begitulah ia mendapat kehormatan untuk bertemu dengan Tuhan yang sudah bangkit sebelum orang lain.

Bahkan setelah Yesus mati di kayu salib, ia tidak bisa mempercayai kenyataan ini. Yesus adalah segalanya bagi Maria Magdalena dan ia sangat menyayangi-Nya. Betapa bahagianya ia ketika bertemu dengan Tuhan yang sudah bangkit dalam situasi yang demikian menakutkan! Ia tidak dapat menghentikan airmatanya dalam perasaan yang begitu kuat. Awalnya ia tidak mengenali Tuhan, tetapi ketika Ia memanggil "Maria" dengan suara yang lembut, barulah ia bisa mengenali-Nya. Dalam Yohanes 20:17, Tuhan yang sudah bangkit berkata kepadanya, *"Janganlah engkau memegang Aku, sebab Aku belum pergi kepada Bapa, tetapi pergilah kepada saudara-saudara-Ku dan katakanlah kepada mereka, bahwa sekarang Aku akan pergi kepada Bapa-Ku dan Bapamu, kepada Allah-Ku dan Allahmu."* Karena Tuhan juga sangat mengasihi Maria Magdalena, Ia menunjukkan Diri-Nya kepada Maria sebelum bertemu dengan Bapa setelah kebangkitan itu.

Menyampaikan kabar kebangkitan Yesus

Bisakah Anda membayangkan betapa tidak terkendalinya Maria Magdalena saat ia bertemu dengan Tuhan yang sudah bangkit, yang begitu dikasihinya? Ia menyatakan bahwa ia ingin tinggal dengan Tuhan selamanya. Tuhan mengetahui hatinya, tetapi menjelaskan kepada Maria bahwa ia tidak dapat tinggal bersama-Nya untuk sementara waktu dan memberinya sebuah misi. Ia harus menyampaikan berita tentang kebangkitan Tuhan kepada para murid karena pikiran mereka perlu ditenangkan dan dihibur setelah terguncang akibat penyaliban Yesus.

Dalam Yohanes 20:18 kita melihat bahwa *Maria Magdalena pergi dan berkata kepada murid-murid: 'Aku telah melihat Tuhan!' dan juga bahwa Dia yang mengatakan hal-hal itu kepadanya."* Fakta bahwa Maria Magdalena menyaksikan Tuhan yang sudah bangkit sebelum siapa pun juga dan menyampaikan kabar itu kepada para murid bukanlah suatu kebetulan. Itu adalah hasil dari seluruh pengabdian dan pelayanannya kepada Tuhan dengan kasih-Nya yang menyala-nyala kepada Tuhan.

Jika Pilatus menanyakan siapa yang mau disalibkan mewakili Yesus, Maria Magdalena pasti akan menjadi orang pertama yang berkata "Ya" dan maju ke depan; Ia mengasihi Yesus lebih dari pada nyawanya sendiri dan melayani-Nya dengan pengabdian yang penuh.

Kehormatan melayani Allah Bapa

Allah sangat berkenan dengan Maria Magdalena, yang sangat baik di dalam hatinya dengan tidak ada kejahatan, dan memiliki kasih rohani yang utuh. Maria Magdalena mengasihi Yesus dengan kasih yang sejati dan tidak berubah sejak ia bertemu dengan-Nya pertama kali. Allah Bapa yang menerima hatinya yang baik dan indah, ingin menempatkan Maria dekat dengan-Nya dan mencium aroma yang baik dan indah dari hatinya. Karena itulah, saat waktunya tiba, Ia membolehkan Maria Magdalena mencapai kemuliaan untuk melayani-Nya, bahkan menyentuh tahta-Nya.

Hal yang paling diinginkan oleh Allah Bapa adalah untuk memperoleh anak-anak sejati yang dengannya Ia dapat berbagi kasih sejati-Nya selama-lamanya. Karena itulah Ia merencanakan penanaman uman manusia, membentuk Diri-Nya menjadi Tritunggal, dan telah menunggu serta menahan selama waktu yang amat sangat lama dengan umat manusia di bumi ini.

Kini, saat tempat-tempat tinggal di surga sudah siap semua, Tuhan akan muncul di udara, dan mengadakan perjamuan kawin dengn para mempelai-Nya. Kemudian, Ia akan membuat mereka memerintah bersama-Nya selama seribu tahun dan membimbing mereka ke tempat tinggal di surga. Kita akan hidup dengan Allah Tritunggal dalam kebahagiaan dan sukacita yang terbesar di surga yang jernih, murni dan indah seperti kristal, dipenuhi oleh kemuliaan Allah. Betapa bahagianya orang yang masuk ke dalam Yerusalem Baru karena mereka dapat bertemu dengan Allah secara berhadapan muka dan tinggal bersama-Nya selamanya.

Seperti yang dikatakan Tuhan kita, *"Ketika Anak Manusia datang, akankah Ia mendapati iman di dunia ini?"* (Lukas 18:8) Sungguh sulit untuk menemukan iman sejati pada masa ini.

Rasul Paulus, yang memimpin misi mengabarkan injil kepada bangsa-bangsa asing, menuliskan sebuah surat tidak lama sebelum kematiannya kepada Timotius, anak rohaninya yang juga menderita dari pihak bid'ah dan aniaya atas orang Kristen.

"Di hadapan Allah dan Kristus Yesus yang akan menghakimi orang yang hidup dan yang mati, aku berpesan dengan sungguh-sungguh kepadamu demi penyataan-Nya dan demi Kerajaan-Nya: Beritakanlah firman, siap sedialah baik atau tidak baik waktunya, nyatakanlah apa yang salah, tegorlah dan nasihatilah dengan segala kesabaran dan pengajaran. Karena akan datang waktunya, orang tidak dapat lagi menerima ajaran sehat, tetapi mereka akan mengumpulkan guru-guru menurut kehendaknya untuk memuaskan keinginan telinganya. Mereka akan memalingkan telinganya dari kebenaran dan membukanya bagi dongeng. Tetapi kuasailah dirimu dalam segala hal, sabarlah menderita, lakukanlah pekerjaan pemberita Injil dan tunaikanlah tugas pelayananmu. Mengenai diriku, darahku sudah mulai dicurahkan sebagai persembahan dan saat kematianku sudah dekat. Aku telah mengakhiri pertandingan yang baik, aku telah mencapai garis akhir dan aku telah memelihara iman; Sekarang telah tersedia bagiku mahkota kebenaran yang akan dikaruniakan kepadaku oleh Tuhan, hakim yang adil, pada harinya, tetapi bukan hanya kepadaku, melainkan juga kepada semua orang yang merindukan kedatangan-Nya" (2 Timotius 4:1-8).

Jika Anda mengharapkan surga dan merindukan kedatangan Tuhan, Anda harus mencoba untuk hidup menurut Firman Allah dan menjalani pertandiangan yang baik. Rasul Paulus selalu bersukacita walaupun ia sangat menderita saat menyebarkan kabar baik.

Karenanya, kita juga harus menguduskan hati kita dan

melakukan kewajiban-kewajiban kita lebih dari yang diharapkan dari kita untuk dapat menyenangkan Allah sehingga kita dapat berbagi kasih sejati selama-lamanya dengan tinggal dekat tahta Allah.

"Tuhanku,
Yang akan datang
Dalam awan-awan kemuliaan,
Aku merindukan hari itu
Kau akan merangkul aku!
Pada tahta-Mu yang mulia,
Selamanya kita akan berbagi kasih
Yang tidak bisa kita lakukan di bumi,
Dan mengingat masa lalu bersama-sama.
O! Aku akan pergi ke kerajaan surga
dengan menari
Ketika Tuhan memanggilku!
O, kerajaan surga!"

Penulis:
Dr. Jaerock Lee

Dr. Jaerock Lee lahir di Muan, Provinsi Jenona, Republik Korea, pada tahun 1943. Pada saat ia berumur dua puluhan, Dr. Lee menderita berbagai penyakit yang tak tersembuhkan selama 7 tahun dan menunggu kematian dengan tanpa harapan sembuh. Namun, pada suatu hari di musim semi tahun 1974, ia dibawa ke gereja oleh kakak perempuannya dan saat ia berlutut untuk berdoa, Allah yang hidup seketika menyembuhkannya dari segala penyakitnya.

Dari saat Dr. Lee bertemu Allah yang hidup melalui pengalaman indah tersebut, ia telah mengasihi Allah dengan segenap hati dan ketulusannya, dan pada tahun 1978 ia dipanggil untuk menjadi hamba Allah. Ia berdoa dengan tekun dan tak terhitung banyaknya melakukan doa puasa sehingga ia dapat memahami dengan jelas kehendak Allah, melakukannya sepenuhnya, dan menaati Firman Allah. Pada tahun 1982, ia mendirikan Gerja Pusat Manmin di Seoul, Korea, dan tak terhitung banyaknya pekerjaan Allah, termasuk penyembuhan yang ajaib, tanda-tanda dan mukjizat, telah berlangsung di gerejanya.

Pada tahun 1986, Dr. Lee ditahbiskan sebagai pendeta di Sidang Tahunan Jesus's Sungkyul Church of Korea, dan empat tahun kemudian pada 1990, khotbah-khotbahnya mulai disiarkan di Australia, Rusia, Filipina, dan banyak lagi melalui Far East Broadcasting Company, Asia Broadcast Station, dan Washington Christian Radio Station System.

Tiga tahun kemudian di 1993, Gereja Manmin Pusat terpilih sebagai salah satu dari "50 Gereja Terkemuka Dunia" oleh majalah *Christian World* (AS) dan ia menerima gelar Doktor Kehormatan bidang Keagamaan dari Christian Faith College, Florida, AS, dan pada 1996 gelar Ph.D dalam Pelayanan dari Kingsway Theological Seminary, Iowa, AS.

Sejak 1993, Dr. Lee telah menyasar penginjilan dunia melalui kebaktian-kebaktian penginjilan di Tanzania, Argentina, L.A., Kota Baltimore, Hawaii, dan Kota New York AS, Uganda, Jepang, Pakistan, Kenya, Filipina, Honduras, India, Rusia, Jerman, Peru, Republik Demokrasi Kongo, Israel dan Estonia.

Pada tahun 2002 ia disebut sebagai "tokoh kebangkitan dunia" oleh koran-koran Kristen utama di Korea atas pelayanannya yang penuh kuasa di berbagai kebaktian penginjilan luar negeri. Khususnya 'New York Crusade 2006' yang diadakan di Madison Square Garden, arena paling terkenal di dunia ditayangkan ke 220 negara, dan di 'Israel United Crusade 2009' yang diadakan di International Convention Center di Yerusalem ia dengan berani menyatakan bahwa Yesus Kristus adalah Mesias dan Juru Selamat. Khotbah-khotbahnya disiarkan ke 176 negara via satelit termasuk GCN TV dan ia terdaftar sebagai satu dari 10 Pemimpin Kristen Paling Berpengaruh tahun 2009 dan 2010 oleh majalah Kristen Rusia terkenal *In Victory* dan agensi baru *Christian Telegraph* untuk pelayanan siaran TV-nya yang penuh kuasa dan pelayanan kependetaan-gereja luar negerinya.

Pada bulan Februari 2012, Gereja Pusat Manmin memiliki kongregasi dengan lebih dari 120.000 jemaat. Ada 10.000 gereja cabang di seluruh dunia termasuk 54 gereja cabang domestik, dan sejauh ini lebih dari 129 misionaris telah dikirimkan ke 23 negara, termasuk Amerika Serikat, Rusia, Jerman, Kanada, Jepang, China, Prancis, India, Kenya, dan banyak lagi.

Pada tanggal penerbitan buku ini, Dr. Lee telah menulis 64 buku, termasuk buku laris *Merasakan Kehidupan Kekal Sebelum Kematian, Hidupku Imanku I & II, Pesan Salib, Ukuran Iman, Surga I & II, Neraka,* dan *Kuasa Allah.* Karyanya telah diterjemahkan ke lebih dari 73 bahasa.

Kolom Kristennya tampil di *The Hankook Ilbo, The JoongAng Daily, The Chosun Ilbo, The Dong-A Ilbo, The Munhwa Ilbo, The Seoul Shinmun, The Kyunghyang Shinmun, The Hankyoreh Shinmun, The Korea Economic Daily, The Korea Herald, The Shisa News,* dan *The Christian Press.*

Dr. Lee saat ini adalah pemimpin dari berbagai asosiasi: termasuk Ketua, The United Holiness Church of Jesus Christ; Presiden, Manmin World Mission; Presiden Tetap, The World Christianity Revival Mission Association; Pendiri & Ketua Dewan, Global Christian Network (GCN); Pendiri & Ketua Dewan, World Christian Doctors Network (WCDN); aserta Pendiri & Ketua Dewan, Manmin International Seminary (MIS).

Surga I & II

Dr. Jaerock Leen omaelämäkerta, joka välittää lukijoilleen kauniin hengellisen aromin. Leen elämän on perustunut Jumalan rakkauteen hänen kerran koettua pimeyden tummat aaallot, sen kylmän ikeen ja syvimmän epätoivon.

Hidupku Imanku I & II

Autobiografi Dr. Jaerock Lee yang memberikan aroma rohani yang paling wangi kepada para pembacanya, karena kehidupannya disarikan dari kasih Allah yang mekar dalam gelombang gelap, kuk yang dingin, dan keputusasaan paling mendalam.

Pesan Salib

Pesan kebangunan penuh kuasa bagi semua orang yang tertidur secara rohani! Di dalam buku ini Anda akan menemukan alasan mengapa Yesus menjadi satu-satunya Juru Selamat dan kasih sejati Allah.

Ukuran Iman

Tempat tinggal seperti apakah, serta mahkota dan upah yang bagaimana yang disediakan bagi Anda di surga? Buku ini memberikan dengan hikmat dan bimbingan bagi Anda untuk mengukur iman Anda dan menanam iman yang terbaik dan paling dewasa.

Neraka

Sebuah pesan yang sungguh-sungguh kepada seluruh umat manusia dari Allah yang tidak ingin satu jiwa pun jatuh ke kedalaman neraka! Anda akan menemukan kenyataan yang-belum-pernah-terungkap-sebelumnya mengenai Hades (dunia orang mati bagian bawah) dan neraka.